让 我 们 一 起 追 寻

Bart van Es

〔荷〕巴尔特·范埃斯 著

成琳 译

THE

CUTOUT

GIRL

被隔绝的女孩

二战中的
荷兰犹太人和地下抵抗运动

A Story of War and Family
Lost and Found

社会科学文献出版社
SOCIAL SCIENCES ACADEMIC PRESS (CHINA)

献给查尔斯·德容和凯瑟琳·德容－斯皮罗，
以及亨克·范埃斯和扬斯·范埃斯－德容

本书获誉

恩的故事，创作了一部关于战争、暴行和人类劫难的著作，非常动人。

——*Oldie* 杂志

卓越非凡，感人至深，引人入胜。

——佩内洛普·莱夫利

令人不安，真诚动人……对于精神创伤及其后果的令人胆寒的描述。《被隔绝的女孩》的意义极其重大，此书急切地提醒我们，即便是自由、包容和多元化的社会也能在转眼之间迷失其方向。

——《金融时报》

令人惊艳，极其感人，将在你的脑海中挥之不去。

——《星期日镜报》

一个关于战争、家庭、遗失、生存和友谊的动人故事。

——《独立报》

一部深入调查的著作。

——《犹太纪事报》

通过小心谨慎的调查和无可挑剔的行文，范埃斯精心记述了一个有着大屠杀中"躲藏"的孩子们及庇护他们的家庭的世界中的悲剧与成就。

——乔治娅·亨特，《我们是幸运之子》作者

一个非凡的故事，令人痛心，感人至深。这个迷人的故事一定会让你着迷。

——《人物》

令人痛苦的美丽故事。

——《书商》

细致入微、动人且不同寻常的，关于"躲藏的孩子"的叙述。

——《出版人周刊》

极富同情心，令人深思，此书既是对一位杰出女性令人难忘的描述，也证明了理解的治愈力量。一个复杂且振奋人心的故事。

——《科克斯书评》

《被隔绝的女孩》汇聚了卓越非凡的丰富档案和学术性研究的珍贵成果。

——《泰晤士报文学副刊》

有关二战期间一个四处躲藏的女人的精彩描述——关于幸存和理解的故事，令人印象深刻，富有同情心。

——《福伊尔斯》新闻通讯

目　录

序　言
2014 年 12 月

没有家庭，就没有故事。

告诉我这句话的女人正在她阿姆斯特丹的公寓里泡咖啡。她叫赫西林（Hesseline），简称利恩（Lien）。虽然已年过八旬，但她身上还留存着简素之美：面容无瑕，没有明显的妆容；佩戴一块银色小手表，但没有其他首饰；以及富有光泽、没有涂抹指甲油的指甲。她动作轻快，不过也有些不拘一格，身穿深灰色的长羊毛衫，围着带有佩斯利花纹的紫红色围巾。在今天之前，我不记得自己见过她。我知道的是这个女人与我的父亲一同长大，后者在二战后不久生于荷兰。利恩曾经是我们家庭的一分子，但现在不是了。她收到了一封信，后来断绝了与这个家庭的联系。即使是在近三十年后的今天，利恩说起这些事时仍会伤心。

我们从她的开放式厨房走到了座位区域，冬日的阳光隐隐约约地透过窗格上的彩色玻璃照耀着那里。一张低矮的玻璃咖啡桌下散落着书籍、博物馆目录和文化副刊。家具和墙上的挂画非常时髦。

我们是用荷兰语交流的。

"你在电子邮件里写道，你对家族史很感兴趣，还想就此写一本书，"她说道，"好吧，家庭这种东西不太适合我。范埃斯一家曾在很长一段时间内对我来说非常重要，但现在并非如此。所以你写的是什么类型的作品？"

她的语调很友善，但也很认真。我告诉她我作为牛津大学英语文学教授所写的一些作品——有关莎士比亚和文艺复兴时期诗歌的学术著作——但她已经从网上得知了大部分信息。

"所以你的动机是什么？"她问道。

我的动机？我不确定。我认为她的故事会很复杂和有趣。考虑到世界局势以及极端主义再次抬头，现在记录这些事情变得尤为重要。这里有我不想错过的鲜为人知的故事。

在这个晴朗的 12 月上午，我们谈论了国际事务，关于以色列，荷兰的政治，英国的形势——戴维·卡梅伦联合政府的五年任期即将结束。我们不断从一个话题跳到另一个话题，仿佛在进行求职面试。

大约一个小时之后，她把空杯子推到一边，明确地说道："是的，我对这个有信心。我们坐在桌子旁吧？你有笔记本和笔吗？"

我来的时候不想表现得像记者一样，因此我向她索要了纸和笔，但我们很快就又坐在了灰白的胶合板餐桌旁。我可以问任何她记得的事情：人们说了和做了什么；她穿了什么，吃了什么；她住在哪里；以及她的梦想是什么。

我们坐在温暖的现代化公寓里，第一次见面就谈了数个小时之久。照片、信件和各种物件等资料只有在她想起它们的时候才逐渐出现，但到了午后，随着外面的日光逐渐变弱，桌子上已经铺满了记忆碎片。其中包括一本儿童小说，明黄色的封面上画着一艘小汽船，以及画有一个溺水男人漫画的瓷砖。还有一个书脊磨损不堪的红色人造革相册。相册的第一页是一对璧人的照片，下方用蓝色笔写着"妈妈"和"爸爸"。

照片左侧的女人是利恩的母亲，名叫凯瑟琳·德容-斯皮罗（Catharine de Jong-Spiero）。她坐在藤椅的边缘，靠在藤椅的弧形椅背上。阳光直直地照射在她的面庞上，她的笑容有点羞涩。她的丈夫是查尔斯（Charles），即利恩的父亲，他穿着衬衣坐在凯瑟琳前面的地上，一双大手惬意地搭在膝上。他靠在妻子的身上，自信又有些讽刺地仰头凝视，凯瑟琳则把一只手搭在查尔斯的肩上。他身上有股满不在乎的感觉，对摆拍照片这个想法有些不以为然，这让脸上带着凝固笑容的妻子有些难堪。

在相册第一页照片之后的几张里，查尔斯淡漠的态度依然清晰可见。在另一张照片里，他坐在汽车的后座，身边围着一群衣冠楚楚的年轻人。在暗处，他则在戴着手套、撑着拐杖的男人头后举起手指，仿佛一对兔耳朵。还有一张照片，他手拿帽子站在一扇黑色大门前，脚蹬一双闪闪发亮的皮鞋。相册里有十几张早先的照片，其中最皱巴巴的一张——被撕烂、折叠，再用已变黄的胶水重新粘在一起——展现了大约 20 个年轻的男男女女的沙滩派对，他们穿着泳衣，笑着，抱着。站在中间、身穿白色泳装的女人手里拿的似乎是个沙滩排球。照片下方的笔迹写着"妈妈、爸爸、舅妈萝（Ro）、舅妈里克（Riek）和舅舅马尼（Manie）"。

虽然我不太擅长采访，但我们的谈话很快就产生了节奏。我问了无数个问题，调查了许多细节，并草草地记了下来。

"房间是什么样子？"

图 1

图 2

图 3

"光线是从哪个方向来的？"

"你可以听到什么声音？"

只有当一件事的所有细节都被讲述清楚，她没有什么可以再告诉我，我们才继续下一个话题。

利恩提到她的诗集时，夜幕已经落下，那是一种几乎所有荷兰女孩都有的诗歌剪贴簿。起初她找不到它，不过后来在搜索了旁边的一个房间后，她建议我站在椅子上，往书架上方看看。它斜斜地倒在那里，外面用一个透明的小塑料袋包着，以免灰尘进去。书衣是灰色的，长约 10 厘米，宽约 8 厘米，封面上有磨掉的花朵图案。打开诗集的第一个对开页，有一组署名"你的父亲"、标着"海牙，1940 年 9 月 15 日"的押韵诗。开头是这么写的：

图 4

这是一本小书，你的朋友们可以在上面记载
他们祝福你有一个光明的未来
安然无恙，度过年岁
满怀笑容，不再流泪。

　　我读着手写斜体的诗歌，站了一会儿。诗的左页则是三张
老旧的彩铅剪贴画：上方是柳条筐里的鲜花，下方是两个戴草
帽的小女孩。下方右边的小女孩微笑着，看起来十分开心，像
照片中利恩的母亲。但左边的小女孩手中紧攥着鲜花，噘着
嘴。她瞥向一边，似乎无法直视读者的眼神。

第一章

.

是希特勒让利恩真正变成了犹太人。她的父母是一个犹太人运动俱乐部的会员（一张集体合影中，她的父亲穿着厚袜子和开领衬衫），但仅此而已，他们并不是恪守清规的犹太人。他们在逾越节吃无酵饼，并在家庭的影响下于犹太会堂举办了婚礼。不过，时年七岁的利恩想的更多的是荷兰版的圣诞老人圣·尼古拉斯，她依然记得当被告知圣诞老人并不存在时自己的愤怒。她觉得自己被大人们骗了，于是藏身在一个通往楼上的公寓楼梯下的橱柜里，又生气又尴尬。

在海牙普莱特街（Pletterijstraat）31 号的公寓，橱柜在她卧室对面的过道里，从前门进来时就可以看到。利恩的房间里有一排直抵天花板的四扇小窗，窗子太高，无法望向外面，也只能射进微弱的日光。这些窗户连着后面她父母居住的卧室。从另一间卧室能够望向大路，它与厨房相连，被转租给了安德里森夫人（Mrs Andriessen）。她是一位年老和善的女士，和其他人一样被记录在利恩的诗集中。她教导利恩："亲爱的小利恩，保持顺从和善良，这样所有人就会爱你，正如他们应该做的那样。"利恩对安德里森夫人贴上的鲜花图片更感兴趣，而不是这个明智的建议。

1941 年 4 月 20 日，在安德里森夫人写下这行话的时候，

图 5

对于在被占领的荷兰的犹太人来说，顺从并不是一件容易的事情。犹太人必须携带盖着"J"的身份文件；他们不被允许进入行政部门、电影院、咖啡馆和大学。犹太人拥有收音机则构成刑事犯罪。但对利恩来说，事情还算正常。她去了一所混合式学校，在她的诗集里小心翼翼地用钢笔写字的孩子大部分都不是犹太人：

"我们永远做朋友吧，亲爱的小利恩，你怎么想？"里亚（Ria）写道。

"祝你永远开朗幸福"，来自"你的女朋友玛丽·范斯特尔森（Mary van Stelsen）"。

"即使没有了诗集的这一页，你仍会记得我吗？"哈里·克勒克斯（Harrie Klerks）问道。

最后这一句让利恩有些难过，因为哈里虽然保证会整洁地书写，但他的墨水弄脏并毁了这一页，所以要用裁纸刀把这一页裁掉。不过，利恩还是慷慨大方地让他重写了一次。

如果利恩可以明确地表达出来，那么她真正担忧的并不是战争，而是她父母的婚姻。当她只有两岁半的时候，她不得不离开了商店上方的公寓，搬去镇子里另一边的姑妈家，和姑妈菲（Fie）、姑父乔（Jo）及他们的两个孩子住在一起。利恩的父母离婚了。妈妈会过来看她，但她很长一段时间都没有见过爸爸。两年之后，她的父母复婚了，并在普莱特街安家，翻开了崭新的一页。爸爸不再像为爷爷当推销员时那样经常出差了，他尽量在家中过夜，在厨房大灯下的桌子上为孩子们制作木拼图。他为利恩做了一幅扬·克拉森和卡特里恩（Jan Klaassen and Katrijn），即荷兰版的潘趣与朱迪（Punch and Jude）的小画像，这是利恩最珍贵的宝贝。扬·克拉森和卡特里恩坐在乌云之上，沐浴着日光，乌云下方则在下雨，他们手拿着伞，开心地笑着。也许扬·克拉森和卡特里恩有点像爸爸和妈妈，她的父母现在已走出阴雨笼罩，享受着幸福。

利恩患有严重胃痛，除了甜点以外什么都不想吃。她从医生那里拿了药，有一次，当她变得极其瘦弱的时候，她不得不在一个医务室里待了六个星期，要喝许多牛奶和粥。回到那里实在太可怕了，因此她尽可能地多吃农民的羽衣甘蓝和妈妈为她做的土豆泥，但总要花上很长时间才能吃完。

为了新工作，爸爸有了一间像爷爷那样的小作坊，不过实际上它只是一间小屋，从公寓后面穿过院子就可以看到。他用大桶的水果、蔬菜做果酱和酸黄瓜，之后装进各种尺寸的玻璃罐里。爸爸工作时，利恩就在旁边看着，但她不能帮忙，因为这项工作对干净度的要求很高，小孩子的手指可能会污染它们。所以利恩主要在街上玩耍，唱童谣、玩"丢手绢"的游戏——孩子们围成一圈，一个小孩不断绕圈，直到他把手绢丢给另一个孩子，后者必须立即追上前者，把手绢还回去。利恩很喜欢这种游戏；外面有阳光的时候，她几乎一直在街上玩耍，如果玩得很开心的话，即使淋一点雨也是值得的。

　　她也会去跳十分淑女的芭蕾舞，有时会有演出。她父母的卧室里有一张她站在舞台布景前的照片。这是在表演之后拍的：她身穿白衬衫、黑裙子搭配的演出服，右手拿着一只玩具手偶。这只手偶做得有些粗糙，看起来像猫头鹰，但应该是米老鼠。除了芭蕾舞服装外，她还有两条最喜欢的裙子。一条是灰蓝色丝质的，这是她和妈妈去博内特里（Bonneterie）购物的时候买的。那是一个安装着玻璃门的巨大商场，当她们踏进去的时候，高高的天花板似乎吞噬了她们。商场的地板闪闪发亮，可以映出人的脸庞；从里面的露台俯视入口处的人们时，他们看起来就像蚂蚁一般。另一条她喜欢的绸缎裙的形状有点像钟（也就是钟形裙），里面的衬裙是她妈妈手工缝制的。

图 6

利恩的世界里有学校、街头游戏，还有祖父母、姑妈姑父和兄弟姐妹。一大家人彼此相去不远：从普莱特街走上一小段路程，或者乘一小会儿电车即可抵达。他们在夏天坐电车去斯海弗宁恩（Scheveningen），在那里的海滩玩耍。他们的小狗普雷蒂（Pretty）喜欢那里——它在潮湿的沙滩上跑得飞快，触碰海水，留下一连串脚印，之后让海水冲刷掉。利恩扔出网球之后，普雷蒂就跑去追，过了一会儿，它全身裹着沙子，湿漉漉地回来了。

堂兄弟姐妹里她最喜欢的是里尼（Rini）和达菲耶（Daafje）。当父母的关系破裂时，利恩和他们在一起待了很长时间，他们几乎成了利恩的亲兄弟姐妹。在他们一起度过的日子里，里尼在诗集里写了一首简短的道德诗，内容有关"接纳他人"。这首诗并不是很准确，因为利恩很少对其他事或人下判断，不过有时只写一些标准性的东西更容易，如果字迹和粘贴画很漂亮的话就很棒了，所以利恩写了一些道德方面的东西，为里尼的诗集也增色不少。

然后就是舅妈里克、表弟本尼（Bennie）和两个小孩——尼可（Nico）和小婴儿罗比（Robbie），利恩偶尔还会照看罗比。相册里有一张照片：舅妈里克和妈妈挤在一把木椅子上，本尼（嘴里含着拇指）和利恩（头发上别着一个白色蝴蝶结）坐在她们的膝上，摇摇欲坠。妈妈坐在椅子的一个扶手上，左手抱着利恩，里克坐在她的右边。椅子看起来非常不结实，似乎随时都可能倾倒。虽然妈妈在镜头前保持着严肃的微笑，但可以看出，她的嫂子开始笑了。

利恩喜欢的一个地方是舅舅马尼的五金店，离市中心很近，里面堆满了螺丝钉、门把手、锤子和自行车铃，东西多到

图 7

图 8

要顶到天花板。有一次，利恩在那里得到了一双漂亮的滑冰鞋，白色皮革鞋身，还有锋利的银色冰刀。当冬天来临的时候，利恩就可以穿上它们了。她可以预见自己轻松地超越其他孩子，在阳光下滑在最前面，然后在冰上来个单脚旋转。

图 9

1940 年 5 月荷兰遭到入侵，在利恩的记忆中，战争是从蓝天而来的。她和父母站在一起，看着头顶飞过的飞机，然后父母告诉她："这就是战争。"除此之外，没有发生太多其他事情。德国士兵们坐在咖啡馆外的桌旁，偶尔在大街上走过。他们很友善。事情慢慢才发生变化。

1941 年秋天起，利恩诗集上的名字变得不一样了。或者说，它们变得一样了。罗西·桑德斯（Roosje Sanders）、朱迪思·希尔希（Judith Hirch）、阿里·罗森塔尔（Ali Rosenthal）、杰马·亚伯拉罕斯（Jema Abrahams）：这些从 1941 年 9 月到 1942 年 3 月写下名字的都是确定无疑的犹太人，因为利恩在那时必须去犹太学校。他们写下的诗歌还是有关友谊、天使和花朵的，但花束的彩铅画、身穿鸟笼裙的女孩等在之前页面中出现的内容现在已经很少了。1941 年 9 月 15 日，新的标语出现在图书馆、市场、公园、博物馆和游泳馆外面："禁止犹太人入内。"

第二章

2015 年 1 月。与利恩在 12 月的一天见面之后，我又回到荷兰几周继续采访。我们也认为访问她曾经居住的地方将有利于我的采访。这是为了用照片激活她的记忆，我也能以此了解这些地方。所以我踏上了去往海牙的路途。

从历史上说，海牙总被认为是一个村庄而非一座城市。"荷兰的首都是哪里？"这一知识竞赛题很难回答，因为荷兰人通常会说"最大城市"而不是"首都"，而荷兰最大的城市毫无争议是阿姆斯特丹。海牙不过是政府所在地。虽然海牙在 16 世纪末被选为尼德兰联省共和国议会的会议举办地，但它未被授予一所大学乃至一座城墙的尊严。七个省的新教徒代表脱离了西班牙帝国的统治，恰好在海牙相会，因为这里是中立且没有威胁的。他们在一座被护城河环绕的堡垒聚会，直至今日那里依旧是荷兰议会的所在地。海牙并没有优良港口或贸易传统，但它作为低地国家诞生地的地位是合适的。这座城市坐落于沙丘和多沼泽的海岸线遗迹之上，海岸线地带则在 9 世纪首次被仅能维持生活的农民排干了水。与荷兰的大多数地方一样，海牙是由来自北海的人类劳动发展起来的。

前往海牙的途中，我沿着高速公路驾车，穿过古老的海床，它仿佛一块由许多相同的正方形组成的单色地毯。与我自青少年时期起居住的英格兰相比，荷兰乡下的平坦和井井有条的一致性给人一种完美无瑕的现代感。每过几分钟，我就会经过一座深红棕色的砖房，干净整洁，房顶坡度极大。这些农舍的院子里有整洁干净的拖拉机和谷物仓，北海的另一边却没有这些农业器具。甚至牲畜看起来都是标准化的：躯体呈矩形的奶牛身上都"印着"相同的黑白色块的不同组合。笔直的银色沟渠将大地平分，延伸进晨雾之中。

当我抵达城市边缘的时候，诸多农场被一连串时髦的钢铁及玻璃建筑物取代了：汽车展示厅、物流中心、隔音墙，以及环境温室，其中二氧化碳浓度和光照强度受到控制。这些建筑和农场一样，让人感觉很不真实。从汽车窗户向外看，荷兰似乎缺乏任何种类的历史。

驶出高速公路之后，我很快就发现自己来到了一片令人生厌的红砖联排房屋。我在利恩曾经住过的普莱特街停下车。20世纪初，当这些房屋被建起来的时候，这个城市正在蓬勃发展。带有新艺术派插画的海报宣传了海牙作为定居避难所的优势，不仅有来自过于拥挤的乡村的农民，还有从殖民地和近东来的移民。突然之间，海牙不仅是一座城市了，而且成了世界之城。1900 年，未来的国际法庭（Court of International Justice）选址于海牙，其所在地位于新建起的富丽堂皇的和平宫（Peace Palace）。由于它的起源，海牙再次成为世界强国的中立聚会地。普莱特街建成于 1912 年，在这座希望之城里占有一席之地。

这条街直至今日依然有许多居民居住，有一家街角商店，还有一些出售二手车的独立车厂。普莱特街 31 号一层现在是一个小型体疗室，磨砂玻璃上用黄字随意地写着其标志语

"物理治疗"。我按下了门铃，一个身穿运动服的高大年轻男子打开了门。他是一个健身教练。在他身后的大厅里有两个年纪更大、身穿训练服的男人，他们穿着紧身短裤、褪色的棉质无袖套衫和颜色鲜艳的运动鞋，袜子有些过于长了。

我被独自留在小小的玄关处，课程则继续进行，就在曾经是安德里森夫人的房间的地方。我能听见运动课上课的声音，教练说着鼓舞人心的话语。

右边有一个橱柜，那是利恩发现圣·尼古拉斯并不是真正的圣诞老人之后藏身的地方。我的前方是她以前的卧室，现在则是墙上钉着医疗资格证的办公室。从窗户中射入了些许 1 月的惨白日光。

看完这间三居室公寓没花太长时间。一切都十分得体、平凡，尺寸也恰到好处。办公室后面曾是利恩父母的卧室，现在则放了一张按摩桌，以及头戴一顶红色毛线帽的解剖骨架。与这个房间相连的是一个备餐室，操作台上有一个热水壶和一些健身传单。树木茂密的后院成了堆放杂物的仓库：一个金属箱子、一把雪铲、一辆自行车、一些煤渣块、一堆盘子和一些破损的椅子。环视栅栏，我试图弄清查尔斯·德容的小作坊曾位于哪里。

我在这个公寓里待了不到十分钟就出来了，礼貌地向健身教练和那两个年纪稍大的男人挥手告别。

我回到街上，接下来并没有明确的事情要做，我突然问自己我的目的是什么。我虽然是一名研究人员，但在荷兰历史或纳粹迫害方面并非专业人士。访问利恩的故事所发生的场所，就能让我真正进行研究吗？这个问题萦绕在我的脑海之中，我有些不安，开始沿着这条街走。

　　一直到第二次世界大战之前，这个地区的犹太人越来越多。1920年，当这些房屋刚建起来时，普莱特街只有7户犹太人家。到1940年，这一数字增长到39户。几乎就在利恩家的正对面，一个犹太人孤儿院在1929年搬到了这个特别许可的场所，很快就开始接纳德国难民。纳粹掌权之后，3.5万人搬进了荷兰。

　　古老的塞法迪犹太人家庭在15世纪末从葡萄牙逃到了尼德兰，但在20世纪20年代和30年代搬来荷兰联排房屋居住的并非他们。新到来的是德国人和波兰人，但他们也遵循着已经形成的路线。自18世纪起，许多来自东方的德裔犹太人移民来到荷兰，他们的母语不是希伯来语，而是意第绪语。海牙第一座德国犹太会堂建于18世纪20年代。许多年来，成千上万的犹太人穿过欧洲大陆来到此地。这里没有大屠杀，可以加入行会，成为城市中的自由民，并将自由民的身份传给家族后代。虽然城中的一些地区中犹太人的数量更多，但各种族之间没有界限。一代又一代，移民们接纳了同胞们的品味和习惯，直接成了荷兰人。因此，当拿破仑在1811年直接控制了尼德兰，并下令登记公民名字时，许多犹太人乘机归化。例如，一个长期居住在此的公民约瑟夫·伊扎克（Joseph Izak），选择了简单且像本地人名字的"约瑟夫·德容"（Joseph de Jong）。

　　作为第一批移民者，葡萄牙人保持着与新来的工人阶级的不同之处。葡萄牙人是一类与政治权力和商品交易紧密联系在一起的贵族。1179年，拉特兰会议禁止犹太人从基督徒手中获取利益，此后塞法迪犹太人成了放债者，他们逃过了南部的迫害，17世纪时在欧洲北部海岸的优良港口发展壮大。虽然人

口占比不过 0.01%，但塞法迪荷兰犹太人拥有苏里南四分之一
的糖料作物种植园，他们对于新共和国的经济结构至关重要。
例如，当奥兰治的威廉三世在 1688 年企图取得英国王位时，葡
萄牙犹太人银行家伊萨克·洛佩斯·苏索（Isaac Lopez Suasso）
预付了所需的 200 万荷兰盾，安排聘用了 6000 名瑞典雇佣兵。

如果说有什么不同的话，那就是海牙的塞法迪犹太人社区
比在阿姆斯特丹的接受度更高。1677 年，持怀疑论的犹太人
哲学家巴鲁赫·斯宾诺莎（Baruch Spinoza）在海牙光彩辉煌
的新教新教堂（Protestant New Church）下葬。这是表示接受
的惊人之举，即便他的墓地很快就因不缴纳费用而被教会权威
破除。

乡村的地位，再加上其作为皇家居住地的功能，使得海牙
成为进行特别辩护的好地方。因此，1690 年，当犹太法典
（《塔木德》）在当地难以通过的时候，不难找到解决之策。问
题涉及在安息日当众搬运物品，而这是被明令禁止的。不过，
问题在于什么算"当众"。在阿姆斯特丹，作为一个被城墙围
住的构造，整座城市都可被合理地定义为"一个家"。不幸的
是，海牙并没有城墙。但是，富有学问的拉比决定，如果横跨
运河的两座石桥被可开闭的吊桥取代的话，从逻辑上说海牙也
可以成为"一个家"。因此，一个犹太人代表团接近了掌权的
地方行政长官。他们会出资改造这两座石桥吗？两年之后，本
着真正的政治调解精神，它们被拆除和替换了。

20 世纪 20 年代和 30 年代，住在普莱特街的德国和波兰
移民即使有足够的智慧来解释上帝的训诫，也很难承担这样的
损失。尽管并不富裕，河区的生活也相当愉悦。和现在一样，
这是一个多元化的地方，不同种族和信仰不同宗教的人们比邻

而居。在非犹太人之中确实有一些针对移民的怨言，作为回应，政府对其中的许多人加以限制。根据其搬进的圈子，犹太人可能被视作社会主义者、资本家、复国主义者、贫穷且技能水平低下的人，或者富裕、资历过高且从事最好的职业的人。在 20 世纪 30 年代，犹太人想要预订餐厅是很难的。不过，即使在 1937 年，也只有 4% 的人为荷兰法西斯政党——荷兰国家社会主义运动（NSB）投票。

离开身后的孤儿院，我拐弯出了普莱特街，走进一条小巷，想要找到一间咖啡馆。我经过了一所小学，门上整齐的新艺术派刻字标明了它竣工的时间：1923 年。在那之后，门上还有一幅画：一只长颈鹿探头看向彩绘窗户的外面，一个微笑着的小女孩坐在它的背上。地面上还有孩子们砌墙的其他图像，一个有机玻璃标志告诉我，这是一所新教徒学校。继续沿这条街走，我看到了购物区，所以我顺着这个方向前行，想喝一杯咖啡。

当我到了那里之后，我发现这个购物区和我预期的不太一样。从远处看它很干净整洁，店面的灯光引人注目，但透过一排排的窗户，只能看见女人们坐在酒吧高脚凳上，穿着贴身内衣，后面是点着微弱的深红色灯光的小房间。一些窗户里窗帘紧闭；另一些则展示着如"情趣按摩"、"两个女人"或"刺激性爱"等信息。与我一街之隔的地方有一个钢制尿壶，两个男人在探寻情况的途中在那里小便。

当我仿佛一个入侵者般穿行其中时，很难不与那些女人发生眼神接触。我的目光很快从一个窗户移到另一个，我意识到自己不仅是在浪费时间，还成了在其中行走的男性中的一员。

在玻璃窗后的暖光下，这些妆容厚重的女人看起来近乎青春永驻，就像在商店前徘徊的推销员，无聊又绝望。一个年轻的金发女人看向我，微笑着，我走过并离开以后，她又继续查看手机了。

我花了三四分钟的时间穿过了购物区，重返通向车站的主路。从这里出发，我可以绕回普莱特街，回到车上。

我再一次被这个熟悉的国家的陌生感震撼了，40 年前，我在 3 岁时离开这里，之后只有每年夏天才会回到这里度假。现在的我可能更像一个英国人，这也是整洁的妓院区对我来说如此陌生的原因。荷兰人在这些问题上相当务实：在公开、诚实和规范的情况下做爱、吸毒或实行安乐死都是符合逻辑的；如果这些发生在离小学不到 100 码的地方，那也没什么好办法。

我觉得，最后这一个小时让我有了沉浸低地国家的感觉：完美的高速公路、一所新教徒小学、一个红灯区，以及现已变成物理治疗健身房的曾经的犹太人之家。这是一个包容的国家，它让人们放手一搏，只要与自己无关，就绝不干预别人的事情。这促进了荷兰的进步。但这也能解释为何德国人被纵容且为所欲为吗？20 世纪 30 年代的荷兰仍然被称作"支柱"社会：不同派别的人——如新教徒、天主教徒和自由主义者——相遇时互碰双肩，礼貌地问候对方，但也仅限于此。人们遵守法律，做事一丝不苟。其他的事都是别人的事，没有必要去干预。

1940 年在海牙的 18000 名犹太人中，只有 2000 人幸存下来。400 名葡萄牙犹太人深深地扎根于这个国家和这座城市的框架之中，只有 8 人回去了。1943 年 3 月 13 日，我现在所处街道对面屹立着的犹太人孤儿院被整个清洗了，没有人活下来。

第三章

"犹太人。"1942 年 5 月，利恩看见她的妈妈坐在厨房的餐桌旁，桌上放着一大块黄色的布。布上有星星的图案，图案带有黑色的边线，中间印着一个词："犹太人。"每个星星的周围都有一条细细的点线，可以轻松地裁剪下来。他们现在必须在每件外衣上佩戴这颗星星，因此妈妈细心地把写着"犹太人"的星星缝到在博内特里买的那条丝质裙子上。

她在街上认识的孩子们的表现还和往常一样，但在去往学校途中的孩子们就并非如此了。有时候他们会扔石头。有一天，一群孩子匆匆跑来抓住她，把她推到小巷里，唱着"我们抓住了一个犹太人"。当她没有回家时，她的父亲会到外面找她。这帮孩子看到她父亲时退后了，但父亲刚抓住利恩的手，一个大胆的小孩就靠近了。小男孩嘴里嘟囔着"肮脏的犹太人"，有些窘迫不安，摆好架势准备逃跑。利恩的父亲无视了他，但已经失去了惯常的冷静；当父亲领着利恩离开小巷返回公寓时，他的手指在颤抖。

到达普莱特街 31 号时，他们看到安德里森夫人正站在公寓大楼的楼梯间，一只脚跨在人行道上，寻找着他们。她的脸上显露出担忧和搜寻的神情，她看到利恩之后松了一口气，一丝笑容浮现出来。这有些奇怪，因为安德里森夫人几乎从来都不离开她充满肥皂味的房间。她转过身去，向他们公寓的一扇开着的门内喊着什么，她脸颊泛光，有些发红。她似乎在告诉利恩的妈妈一切安好。利恩突然想到，安德里森夫人被允许留在普莱特街和他们一家住在一起，这意味着她和他们一样是犹太人，不过利恩也不是很确定这一点。

另外，姨妈埃莉（Ellie）不是犹太人，因为她并不是利恩真正的姨妈，只是妈妈的一个好朋友，她经常拜访她们，尽管她并不需要佩戴黄色星星。

暑假来临时，利恩常常待在院子、厨房或门前的台阶上。她认识了莉莉（Lilly），后者住在楼上的 29 号。莉莉在集子上用铅笔画了四条均分的直线，然后在页面正中央的位置抄写了一首诗：

> 玫瑰大，玫瑰小
> 如墙上的天鹅绒一般柔软
> 但最柔软的花瓣部分
> 是利恩心中的玫瑰

莉莉在页面左边的角落里额外增添了一些对角线，写道："我躺在床上，无所事事。因此妈妈生气了，开始大叫。"每当她们大声地读出这些句子时，都会开始咯咯直笑。

之后，8 月初，仍然是在暑假之中的一个夜晚，妈妈来到利恩的卧室，像往常一样给利恩盖被子并亲吻她入眠。妈妈坐在旁边的椅子上，一只手搭在被子上，另一只手抚摸着利恩的头发。"我必须告诉你一个秘密，"妈妈说道，"你要去别的地方待上一阵子。"

　　顿时一片寂静。之后发生了什么她已经记不清了，但妈妈说的这句话留在了她的脑海里。利恩记得她的母亲十分惹人喜爱且和善，她觉得自己是被爱着的。

　　第二天早上，当利恩和莉莉以及其他几个孩子坐在外面楼梯的最高处时，拥有秘密的兴奋感压在她的心头，她非常想讲出来。有一个秘密的感觉十分奇特，不过拥有太久就没什么意思了。当妈妈回家时，利恩跑下楼梯，追上了妈妈。"我可以说出来吗？"利恩悄悄地说道，"我觉得这真是个不错的秘密。"但妈妈不允许她这么做，其他人对此毫不知情是非常重要的。

　　当天晚上，姑妈、姑父和其他家人挤在厨房里聚会，随着厨房里的人越来越多，有的人在利恩父母房间的门口找到了落脚处。这并不是一个生日聚会，因为没有小孩参加（除了利恩和小婴儿罗比），不过利恩是万众瞩目的焦点：她嘴里嚼着他们从未吃过的、黏黏的巧克力，并被要求在几乎每个人的膝盖上坐一下。出于某些原因，她决定不要好好表现，发出高音调的大笑，还伸出手指指向姨妈埃莉的鼻子——妈妈并不喜欢她这样做。不过，无论她如何大叫和指着别人，她也没有被责骂。她的尖叫声刺穿了其他人的低语；大人们彼此之间低声谈话，目光只看向利恩。一切都发生得十分迅速。她没有时间讨论甚至思考那些出现又悄悄离开的问题，之后它们就消失在她的脑海中了。一切仿佛匆匆而过，不过一连串的拥抱和低语还是在晚上持续了几个小时；当利恩被父亲抱在臂弯中送回卧室的时候，她已经昏昏欲睡了。

　　早上，利恩吃完面包和奶酪之后，就有一位女士来到了门口，她甚至比安德里森夫人还要壮实，不过年纪小一些。她和蔼可亲，看起来像医院手术室里的护士。她说了一些有关利恩的好话，然后问利恩的学校功课怎么样，以及利恩喜欢读什么书。利恩有些尴尬，因为她读的书不多，不过她记得自己说喜欢扬·克拉森和卡特里恩。这位女士相当年轻，一点也不像一位母亲。跟着她走将十分冒险，那种冒险将给人一种嘴里难受的感觉。表面上来看，利恩十分兴奋；内心里，她却十分冷静。她们从利恩的裙子上拆下了黄色星星，两个女人的手指飞快地动着。

　　利恩可以保留自己的名字和姓氏德容，但她不能说起关于父母或家庭的任何事情。她现在不是一个犹太人了，只是一个从鹿特丹而来、父母在轰炸中丧生的普通女孩。如果有人问起，她必须说这位女士是赫洛马夫人（Mrs Heroma），后者将带着她前往住在多德雷赫特（Dordrecht，俗称"多特"）的姨妈家，那是一个不同的小镇。紧紧跟着这位夫人，贴紧她的身体，以防任何认识利恩的人看到她并没有佩戴黄色星星至关重要。妈妈和这位夫人说了一模一样的话，并让利恩重复了一遍，即便利恩觉得自己已经非常清楚了。之后，妈妈的一个亲吻和拥抱用力到让她有些疼，利恩走出了普莱特街，与这位夫人步伐一致，走路迅速，夫人努力地把利恩裹在自己的大衣里。赫洛马夫人的肩上背着利恩的行李，里面有她的诗集和爸爸制作的拼图，每大跨一步，行李的边角就会撞在利恩身上。

　　利恩家离车站并不远，所以她们穿过街道和公园（犹太人被禁止进入公园）后没多久就到了海牙 HS 火车站。火车站正面看起来像一座宫殿，不过她们没有时间仔细观看它，因为火车马上就要启程了。利恩思索了一会儿自己的卧室，那里近到可以跑回去。

赫洛马夫人告诉了利恩一些有趣的地名，她说荷兰有很多这样的地名。比如，阿姆斯特丹的双香肠街、格罗宁根（Groningen）的胡须街，或者泽兰（Zeeland）的病鸭街。还有一条路叫"野猪之后"。利恩觉得这些地名非常好笑。她很喜欢赫洛马夫人，当她们从火车隔间的窗户看到外面海牙的房屋迅速掠过时，她咯咯笑个不停。铁路上火车轮子"咔嚓咔嚓"的声音越来越响，越来越密。火车头喷出的烟雾十分肮脏，但闻起来还算干净。"利恩你知道什么有趣的地名吗？"思考了很久之后，利恩想起了偷牛街，赫洛马夫人则对此一无所知，她说道："偷牛街，这是个不错的地名！"

利恩本来想说"它离我们家不远"，但及时闭上了嘴。

与海牙不同，多德雷赫特只有一个火车站。它看起来也像一座宫殿，不过规模小一些，没有海牙火车站那种公主塔。她们穿过了另一个公园——比海牙的那个大点，在午后的日光下看起来有些冷清——之后穿过了排列着小房子的许多街道，与海牙那种三层公寓大楼截然不同。她的双腿现在有些累了，每来到一处街角，她的疲劳程度就会增加一分，不过赫洛马夫人总会告诉她每一条街道的名字，还有荷兰其他有趣的街道名，所以利恩继续努力前行。她们经过了裤子路（Mauritsweg）、黄油山路（Krispijnseweg），最后是兔管街（Bilderdijkstraat），最终到了目的地。利恩途经的所有房子似乎都比海牙的小，而兔管街上的房子是最小的。事实上，这条街上看起来并不像有房子的样子；它只有两排长长的、低矮的红砖墙，门窗嵌入其中，延伸至利恩肉眼可见的远方。

路上有一群小男孩正在奔跑喊叫。赫洛马夫人忽略了他们的吵闹，直接走向10号的大门，使劲地拍着小小的圆形玻璃窗。她的大衣口袋里揣着一封信，利恩对此一无所知。这封信上的字迹与利恩诗集第二页上她妈妈的字迹完全相同，日期为1942年8月，它在阿姆斯特丹利恩的公寓里保存下来。信里写道：

尊敬的女士与先生：

虽然我并不认识你们，但我自己在心中想象，你们将

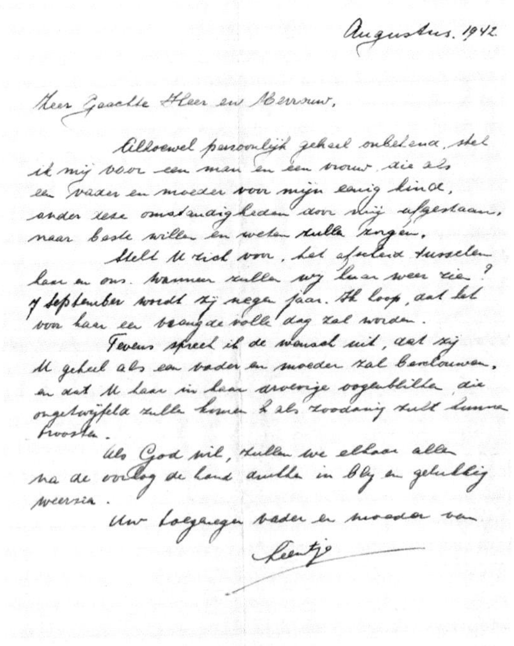

Augustus. 1942.

Zeer Geachte Heer en Mevrouw,

Alhoewel persoonlijk geheel onbekend, stel ik mij voor een man en een vrouw, die als een vader en moeder voor mijn eenig kind, onder deze omstandigheden door mij afgestaan, naar beste willen en weten zullen zorgen.

Stelt U zich voor, het afscheid tusschen haar en ons. Wanneer zullen wij haar weer zien? 7 September wordt zij negen jaar. Ik hoop, dat het voor haar een vreugdevolle dag zal worden.

Tevens spreek ik de wensch uit, dat zij U geheel als een vader en moeder zal beschouwen, en dat U haar in haar droevige oogenblikken, die ongetwijfeld zullen komen & als zoodanig zult kunnen troosten.

Als God wil, zullen we elkaar allen na de oorlog de hand drukken in blij en gelukkig weerzien.

Uw toegenegen vader en moeder van

Lientje

图 10

是保护我独生女的一对男女，将像父母一样关怀她。出于某些原因，她离开了我的身边。希望你们以最好的意愿和智慧照顾她。

请想象一下我们的分别。我们何时才能再次见到她？9月7日她就要9岁了。我希望那将成为一个让她开心的日子。

我想告诉你们的是，我希望她将只把你们当作自己的父母，当她伤心难过时，你们将会抚慰她。

如果上帝允许，我们将在战后握手重新欢聚。来自利恩的父亲与母亲。

第四章

 我搭乘火车前往多德雷赫特，这是利恩在 1942 年夏末被带去的城市。火车进站之前，我从铁路桥上看到大教堂矗立在美丽的山形墙房屋之中，房屋的另一边是港口和重工业区。这座城市的人口约为 12 万，以今天的标准来看或许很少，但它曾是荷兰最大的城市。多德雷赫特建在多条河流交汇的一座小岛上，在 15 世纪达到全盛期，当时成了处理农业货物的自然中心。它一度是一座商业之城。然而，泥沙淤积的河流不适合对海洋贸易来说不可或缺的大型船只通行，这就意味着久而久之，多特被其西边更大的近邻鹿特丹超越了。

 正是在这里，而不是海牙，荷兰的独立才真正开始。1572年，第一次自由议会会议在多特举行，奥兰治亲王拿骚的威廉（William of Nassau）公开宣布反叛西班牙国王。也是在这里，在多特会议上，新建立的荷兰共和国取得了胜利，决定了自己的国教。从 1618 年到 1619 年，欧洲的新教教派聚集起来，共同讨论重大的神学问题。其中一方是雅各布斯·阿民念（Jacobus Arminius，又译阿米纽斯）的追随者，他们认为在某种程度上能够与天主教达成和解：也许人类的行动，比如赎罪或行善事，真的可以促成"恩典"（宽恕人类原罪的善举）？反对他们的是加尔文主义者，后者坚持其所谓的人类的"全

032 / 被隔绝的女孩：二战中的荷兰犹太人和地下抵抗运动

然败坏"。根据加尔文主义者的说法，有一小部分人预先被上帝拣选出来，他们将在天谴中得到救赎，不论其他人可能多么热诚地想要加入"拣选"名单。多特会议以加尔文派的胜利落幕，在大会讨论得出结论仅 4 天后，阿民念主义者的主要庇护人约翰·范奥尔登巴内费尔特（Johan van Oldenbarnevelt）就在街区被处决。"全然败坏"因此确定下来。

离开车站功能性的内部空间之后，我回过头看到了它古典式的正面，然后顺着主街进入城镇内。我的计划是先游览小型战争博物馆。去那里的路程很近，首先通过一个现代化办公室的街区，接着穿过一系列漂亮的中世纪街道，街上满是骑自行车的人和购物者。上午的这一时刻，街上大多数是已经退休的夫妇，他们穿着实用性很强的衣物，比如慢跑裤和拉链式的防水外套，它们都色彩鲜艳，多为紫色、青柠色和粉色。

博物馆位于老港口对面的一处乡镇宅邸中，和其他数百座博物馆相似：内饰有些褪色，狭窄，灯光过于明亮，以至于所有东西看起来都不太真实。门廊处放了一辆军用吉普车，它位于门厅正中央的一个玻璃展台之上，是这座博物馆的骄傲所在。几个僵硬的人体模型坐在车里。他们干净的头盔扣紧紧地扣住下巴，双眼看向前方，微笑着，就像乐高人仔。后面有展示德军登陆和盟军解放路线的地图。标有数字和日期的黑体箭头则指明了军队行进的路线。其他地方还有照片，以及装满武器、文件和徽章的展示柜。

德国人入侵之时，多德雷赫特是见识了真正战斗的城镇之一。1940 年 5 月 10 日破晓，伞兵从空中降落，夺取了桥梁。这座城市有一支 1500 人的驻军，但 200 多年来不曾真正作战过的荷兰陆军准备非常不足。几乎没有人接受过完整的战斗训练，大部分弹药被锁在一个中央仓库里妥善保管，所以他们只有非常少量的弹药供应。在最初的几个小时里，许多守兵只是单纯地看向天空，畏惧翱翔的容克轰炸机。其他人则在浪费他们的子弹供应，妄图击落飞机。

尽管如此，对降落的震惊有所缓和后，激战就爆发了。第一天，德国进攻部队中的几十人被杀或受伤，大约 80 人被俘，随后被运往英格兰。之后在 5 月 13 日，20 辆装甲车开进城内，荷兰方面以 24 人的生命代价换来了其中 15 辆的瘫痪。然而，仅仅战斗 4 天之后，多德雷赫特就和荷兰的其他城市一样投降了，荷兰军队利用他们的最后一丝力量摧毁了自己的装备，以防其落入敌人之手。

作为博物馆中唯一的游客，我觉得自己仿佛突然闯入之人。我周围的工作人员在检查存货单，清理展示柜中的物件，以及重新整理小图书馆中有关战争的书籍。

当我站在那里浏览破旧的书脊时，我转向了一个身穿蓝色衬衫、白发苍苍、正在桌旁分类成堆书籍的男人。他抬起头，我对历史的兴趣，以及我向他讲述的利恩的故事和利恩从海牙到这里的旅行都让他兴致盎然。当我提到把利恩带到多德雷赫特的赫洛马夫人时，他的脸上闪过一丝相识的神情。他询问我有什么消息。

我从行李箱中拿出了笔记本电脑，里面有一张一份文件的照片：一张黄色的 A4 横格纸，上面草草地写着内容，其中一些被划掉了。标题写着"在构建新法律时，什么应该扮演重要角色？"的文件在赫洛马夫人手中，我在阿姆斯特丹的时候拍了这张照片。赫洛马夫人去世后，这份文件来到利恩手里。记下这些简短的笔记时，也就是战争过去很久之后，迪克·赫洛马－迈林克（Dieuke Heroma-Meilink，朋友们叫她"图克"）是工党的政治家，起初在议会从政，后来在联合国工作。纸上的注解很实用，作为加入一个更大家庭的唯一孩子的例子被利恩简短地引用了。一个细节赋予了当时的状况人之常情：当利恩的母亲关上普莱特街家里的门时，赫洛马夫人听到她开始啜泣。

博物馆的这个男人让其他人去他那里，很快一小群人就越过我的肩膀查看电脑屏幕上的文件。当我滚动电脑里的图片时——诗集、信件和照片——一种利益与共的强烈感觉充满了这个房间。有人告诉我，真正知道这些情况的是一个名叫赫特·范恩赫伦（Gert van Engelen）的当地记者，他也为这座博物馆工作。

20世纪30年代，赫洛马夫妇住在阿姆斯特丹，扬·赫洛马（Jan Heroma）首先在这里的医学院学习，取得了心理学学位。两人在政治上是进步主义的，他们决定同居而不是结婚，与未来的社会党卫生部部长伊雷妮·福林克（Irene Vorrink，她在1976年因使娱乐性毒品合法而出名）同住一间公寓。图克接受了社工培训，受雇于一个为工人阶级女性提供政治教育的工会。夜晚在公寓里，她坐在一个放着打字机的小桌旁，将犹太人写的德语学术著作翻译成荷兰语。这项工作十分重要，因为如果没有这些翻译著作，在国内受到纳粹迫害的德国犹太学者将很难在荷兰找到工作。对于赫洛马夫妇来说，自由、政治中立的荷兰似乎是一个自然的避难之地。

德军入侵时，扬·赫洛马在多德雷赫特位于杜贝尔达姆街

（Dubbeldamseweg）14号的一个联排房屋行医。这个房子另外安装了一扇门，病人们可以通过这扇门进入一层的等候室，然后来到医生的书房。夫妇二人则住在公寓楼上。

刚开始，德国侵略者们几乎没有干扰荷兰的正常生活。他们执掌了权力，但政府机构、公共服务系统（如警察、学校、

图11

商店、教堂和商业）的运行基本保持不变。反犹太人措施几乎不可察觉地升级了：从防空避难所中将犹太人驱逐出去；发布针对行政部门员工的"雅利安人宣言"；所有犹太人都要登记注册。然后，从1941年2月开始，大规模逮捕开始了，刚开始时行动缓慢。那些被赫洛马夫妇带到他们的国家、处境安全的人现在又面临着威胁，而且翻译著作和大学里曾经提供的新岗位也不再有用了。

从1941年11月起，常规广告刊登在当地报纸上分类广告中的左下角处。旁边是牙医、精品店和音乐厅的通知，比如以

下这则：

J. F. 赫洛马

内科医生

接诊时间变更

黄油山街上午 11 点

每日，除星期六

私人咨询

每日下午 1 点 30 分到 2 点

重要之处在于，人们知道这些信息意味着什么。

随着德军对荷兰的占领愈发深入，抵抗纳粹的网络建立起来：微妙的信任之线将像多德雷赫特的赫洛马夫妇一样的人，与素未谋面、远在他方的其他人连接在一起。这些网络通常依附于战前社会的联系，比如医学协会、学生联谊会、教堂和政治组织。扬·赫洛马是一名医生、社会民主工人党的一员，也是学术界中许多犹太人的朋友。这些使得杜贝尔达姆街 14 号成了一个交汇点。赫洛马夫妇拥有小车，方便他们展开异常活跃的行动，病房之间的旅程有时甚至会深入遥远的乡村之中，就像在追溯脆弱的、看不见的线索。

当扬·赫洛马及其妻子用渡船运送人们穿过国家，把他们藏在自己的地下室里时，其他人也开始在其他城镇里的网络中行动起来。例如，约斯克·德内韦（Jooske de Neve）是一个叫"无名实体"（The Unnamed Entity）的抵抗组织中的一员，她和大批犹太孩子一起搭乘从阿姆斯特丹出发的火车，因恐惧而浑身发抖。很久之后，她回忆说在其他乘客认出这群安静的犹太男孩、女孩的时候，她通常可以察觉到。她只是希望这些乘客不会说出来。有一次，一群火车守卫开始在车厢中前行，检查身份证件和车票。一股惊慌之感压倒了她，她随即跑到厕所，将一包假身份证件（除了犹太孩子之外，她还运送这些假证件）倒到下面的铁轨上。这些假证件被发现之后，她的良心依旧深感不安。

在乌得勒支（Utrecht），一个叫赫蒂·武特（Hetty Voûte）的生物学学生加入了自称"儿童委员会"（The Children's Committee）的组织。为了寻找与父母分离的小孩的藏身之处，她骑车环绕乡间，随机向农民求助。

当她站在一个农舍的门前时，主人告诉她："如果那些孩子被带走是上帝的意愿，那么那就是上帝的意愿。"

赫蒂直勾勾地看着他，回复道："如果你的农场今晚着火了，那么这也是上帝的意愿。"

她回到了自己的房间，书架上有一册皮面装订本，书脊上印着书名《约翰·高尔斯华绥作品集》（*The Assembled Tales of John Galsworthy*）。书里夹着一系列索引卡，上面记载着她救下的 171 个犹太孩子的名字和地址。

大概在同一时刻，在荷兰南端的林堡（Limburg），自从收留了一个被留在自家门前的 3 岁女孩后，另一个农民也为孩子们提供了避难所。回顾过去，对于这个名叫哈尔门·博克马（Harmen Bockma）的男人来说，勉强度日都是很艰难的。他每天早上都要去送奶，还在当地的矿场轮岗工作，以此平衡收支。为了隐藏孩子们，他需要在农舍中开辟特殊的空间，而这将花费金钱和时间。为了从矿场获得完成这项工作所需的带薪休假，哈尔门·博克马从自己的手上切下了半截手指。

从博物馆和多德雷赫特的市图书馆里还能找到许多类似的故事。在一个天花板很高的咖啡馆里，我与赫特·范恩赫伦进行了交谈，他在我的笔记本上写下了电子邮件地址和电话号码，介绍了一些战时的重要地方，告诉我可以在城镇内外访问这些地方。

最后两个故事在我的心中挥之不去。一个是叫赫尔·肯佩（Ger Kempe）的学生的故事，他在 1942 年末为隐藏孩子的抵抗组织寻找资金支持而四处奔波。他敲了一户素不相识的人家的门，一个应门的老妇人试探性地邀请他进入屋内。这个年轻人坐在客厅的沙发上做了一番演讲，得到的回应是尴尬的沉默。这个老妇人沉默了很长一段时间，没有回复，最后告诉他几天之后再来。当他几天后并未带着太大期待再次前来时，这个老妇人给了他 1600 荷兰盾：这是一笔拯救了许多生命的财富。

第二个故事有关许多女学生。到 1942 年末，荷兰剩余的犹太人已经完全绝望了，以至于犹太妈妈们将婴儿和幼儿留在大门台阶上，希望有人能够收留他们。德国当局清楚这种趋势，因此发布了官方通知：即刻开始，所有弃儿都将被认定为犹太人，即便是那些早先被雅利安人家庭收留和收养的孩子，也将被警方追捕。这群年轻的学生只能找到一种解决方案。她们把这些犹太孩子登记为自己的孩子，德国士兵则担当他们的父亲。这会带来一定程度上的安全，但也无疑会给这些女人招致巨大的耻辱。多年之后，安·德沃德（An de Waard）复述了她在登记办公室中的经历，在那里她被迫在公众面前等候了很长时间。最终，在办公室职员轻蔑的注视之下，她终于能够给自己的孩子登记为"威廉"（William），一个皇室的名字，这对于她来说带有一点反抗的姿态。和其他 5 个通过这种方式被救下来的孩子一样，威廉从战争中活了下来。

与此同时，在多德雷赫特，赫洛马夫妇继续运送、照顾和掩藏各个年龄层的犹太人，虽然他们逐渐担心自己的活动正在被追踪。有一次，扬·赫洛马出外照顾一个正在躲藏的、生病的犹太女人，虽然已竭尽全力，但那个女人还是在几个小时后死于自然原因。因为没有找到不被察觉搬运她遗体的办法，在夜色的掩盖下，赫洛马夫妇在后花园里为她挖掘了一座秘密墓地。另一次，扬和图克匆匆赶往被盟军轰炸的一座房屋，他们知道有一对犹太夫妇藏身其中。他们领着这对夫妇回到杜贝尔达姆街，并把后者藏在了地下室里。之后，扬开着他的小汽车，出外寻找这对夫妇因轰炸而无家可归的女儿，她被带去了一个远处的农舍里。一开始，这个早已绝望的女孩没有认出自己的母亲。接着，当她突然认出时，她的喜悦尖叫带来了她们会被发现的惊恐。

几个月以来一切都非常顺利，但一天晚上，突然有人敲门，警察们在门外等候着。在夜深人静之时，这个房子的地下室中依然藏匿了许多犹太人，扬·赫洛马被带去了监狱，命运未卜。

我来到多德雷赫特的时候拜访了许多地方，但直到行程最后一天的黄昏时分，就在乘坐火车返回海牙之前，我才前往了兔管街，想去看看利恩初次来到这座城镇时的住所。那里离车站有 10 分钟的步行路程，所以我拖着行李箱缓慢地走向那里，首先穿过了微弱阳光下的公园，然后沿着郊区干道的宽阔人行道前行，通勤交通工具来来往往。

兔管街现在很狭窄，还相当阴暗。最初 50 码的地方，街道上树立着高大的灰色围墙，有些褪色，用涂鸦记号进行标记。再往前走，街道左侧通向市区运动场，运动场内充满了边缘光滑的自行车场地和滑板坡道，它们是用高质量的抛光金属制成的，看起来就像抽象的艺术品。沥青围着的灰色土壤小岛上长着几棵树，但没有草丛。六七个北非人长相的少年坐在他们自行车的车座上闲聊。道路对面有一个街角商店，宣传廉价的国际拨号业务和清真肉。

自 20 世纪 70 年代以来，荷兰成了移民国家。人口之中五分之一的人或出生在国境之外，或是这些人的后代。尤其是在没有西方血缘的 200 万人之中，一体化整体来说只取得了一定的成功，而在这条街上孤立感格外明显。

我开始扫视各家门口，想要找到 10 号，行李箱在人行道路面上发出沉闷的响声。道路尽头是一片新的联排房屋，与其周围低矮的砖房有所不同。一些房子中有人居住，另一些房子的窗户上则钉上了铁质栅栏，看起来好像已存在许久了。新建造的房屋编号系统有些混乱，因此我在同一条人行道上来来回回走了好几次。虽然骑自行车的男孩们没有任何威胁，但他们对我的兴趣不断增加，看我仿佛看一个怪人。

当我认定 10 号现在已经变成了运动场时，太阳投射下长长的阴影，穿过街道。我拿起手机拍了几张照片，首先是滑板混凝土坡道，周围有几棵细长的树，接着是我对面的一片联排房屋。整片联排房屋是一个单一平顶的集合体。这就好像一些工厂的长长的前墙被卷起来，之后用一台巨大的机器把门窗打出来。

我把手机放回口袋里时，一扇门打开了，一个身穿卡米兹

（Kameez）的中年男人向我走来，怀疑地问我在干什么，他说话带着浓重的口音。与此同时，骑自行车的男孩们开始在四周徘徊。面对他的问题，我顿时有些闪烁其词，含糊地解释说我在做一些有关二战的调查。

我为什么不告诉这个男人有关利恩的事情，就像我在普莱特街做的那样？我在多德雷赫特的各个地方就是这么做的，过去几天里我坐在人们的客厅里与他们相谈甚欢。为什么我会在这里感到负罪感？

这是因为我感到了我们之间的距离。这是因为我认为这个地方不欢迎犹太人的历史。

"你不应该暗中窥探人们。"这个男人告诉我。当他说这句话的时候，我突然看见了站在外面的自己，拖着轮式行李箱，拿着手机，脚穿磨损而昂贵的棕色皮鞋。如果我把完整的故事告诉他，我们之间可能会形成某种联系。然而，我们各退一步，同样紧张，而我再次走上了通勤车辆川流不息的主路，现在汽车都已打开了车灯。

我朝着车站方向往回走，想起了一个显而易见的现实：就针对他们的恨意而言，穆斯林群体可能在20世纪比其他人更接近犹太人的处境。尽管没有什么相似之处，但20世纪30年代有一种基尔特·威尔德斯①（Geert Wilders，他的自由党在国家选举中得票率达到15%）式言论氛围。据威尔德斯所说，应该出台一部对《古兰经》和建造清真寺的禁令。他曾谈及"伊斯兰入侵"的威胁性，并且不希望任何穆斯林进入本国。

---

① 基尔特·威尔德斯，荷兰商人和政治家。他在2006年创立自由党，此后担任该党领导人，以反对伊斯兰教而闻名。（本书脚注均为译者注，后文不再特别说明。）

他甚至要求废除荷兰宪法中的第一条，即基于宗教的歧视是违法的。考虑到这一背景，兔管街的居民感到可疑也毫不出乎意料。不过最糟糕的是，我拖着一个行李箱来到这里，拿起手机拍照，只是看看却不说出实情。

第五章

　　一切都不同了。多德雷赫特兔管街的这个家庭在其房屋前有一个房间，称作"雅室"（mooie kamer），在特殊场合下使用，其余的时间则闲置，保持阴凉。在这里住了几个月之后，利恩病情加重，很可能患上了肺结核，她多日以来一直躺在沙发上，透过窗帘看着日光亮起，再逐渐黯淡下去。她的身体因冷热交替而不住地颤抖。"姨妈"（这个新家庭里的妈妈）端来装在茶碗里的清汤，还有一片划她喉咙的烤面包片。姨妈用一块湿润的毛巾给利恩洗脸，扶着她坐起来。和这个单层的小公寓里的其他房间一样，这个房间里的家具稀稀拉拉，利恩躺着的沙发对面只有两把椅子。未点燃的煤炭燃烧器旁有一个珍贵的物件：深色抛光木头制成的橱柜，上面摆放着一把瓷茶壶和配套的杯子。这些杯子从未被使用过，内部纯白洁净，即使窗帘拉着也亮得发光。如果她拿起一只，轻柔地端在眼前，她可以看见杯上自己的影子。杯子的曲线侧面映照出房间的弯曲墙壁，以至于它们像一个洞穴一样围着她。

　　当你生病的时候，整个世界都仿佛离你甚远。利恩透过窗帘和前面的窗户感受外面街上的动静：男人们用多特口音说话，与她的口音截然不同。几乎在每句话的末尾他们都会加上一个"嘿"。孩子们放学回家后，旁边的厨房就出现了喧嚣；

人们的说话声、椅子的摩擦声、水龙头的滴答声。"安静点——利恩在隔壁睡觉呢，嘿!"厨房是家中充满生气的地方。妈妈们和孩子们不用敲后门就直接进来了，带着朋友们和新人们。姨妈的嗓音是最响亮的：

你知道肉铺的肉馅要多少钱吗？
内尔（Nell）直接从农场拿肉，科基（Kokkie）告诉我的，嘿。

这里的行为举止比利恩老家那里的更粗野。厨房里有许多瓶瓶罐罐和刀叉等餐具，如果 9 岁的克斯（Kees）举止不佳，他的父亲会在他的胳膊上猛打一下。不过所有人都很受欢迎，邻居们是朋友，餐桌上还经常会出现新面孔。男人们谈论着工人权利和工厂的老板时，语气里带有一种自信和优势。香烟的强烈气味蔓延至前面房间的沉默之中。

即使是发生在利恩初次到达的几个月后，利恩对这个兔管街的房子的最深刻印象仍然是雅室里的炎热。当赫洛马夫人领她来到这里时，前者也进入雅室，坐在沙发上，看向对面的姨妈。姨妈是一个体格宽大的女人，脸颊泛红，她向利恩介绍了新兄弟姐妹。除了利恩和克斯，家里还有两个孩子：11 岁的阿里（Ali）和不到 2 岁的小玛丽安娜（Marianne）。阿里和克斯是同父异母的姐弟，不过他们的母亲都已经去世了。

在前面的房间里交谈过后，赫洛马夫人告别，将利恩留给了姨妈，姨妈则带着利恩穿过房屋来到后面。利恩在厨房里陷入了一片嘈杂之中。因为有太多人来来往往，所以利恩不太能长时间感觉自己是个客人。当她进入厨房时，小玛丽安娜在角落里蹒跚走步，双腿摇摇晃晃，阿里则在旁边指导着她，然后小玛丽安娜就跌倒在地了。利恩蹲着安抚小玛丽安娜时，她觉得自己长大了，很快她就和阿里一起把小玛丽安娜逗得直笑。当利恩跳起芭蕾舞的时候，小玛丽安娜全神贯注地坐着，崇拜地仰视利恩。到了入睡的时候，姨妈臂弯里的小玛丽安娜送给利恩几个湿吻，在利恩的脸颊上留下了一小串凉凉的婴儿口水。

第一顿晚餐进行得并不容易。利恩得到了一个深盘，里面装着小山高的土豆、豆芽和一个肉丸，都泡在肉汤里。所有人开始吃饭，除了勺子发出的有规律的刮擦声以外，聊天一直在不间断地进行。利恩玩弄着一个土豆。妈妈经常会在开餐前给利恩一杯水和消化药，现在消化药则在她的包里。她举起手来，询问是否可以去拿消化药。过了很久之后利恩才被注意到，最终姨妈声音嘹亮地问利恩想要什么。"药？"姨妈大声地重复了这个词，仿佛在说外语。利恩跑去拿来一个棕色的瓶子，标签朝前，递给姨妈并加以说明。姨妈检查这个利恩带到她房子的物品时，涨红的脸庞挤成一团，面露疑色。然后她表明了自己的判断。"你不需要这个，你可以和其他人一起吃你的晚饭，嘿。"姨妈如此告诉她，之后把黏稠的白色液体倒进了水池里。接着姨妈回到了火炉处，继续参与聊天，只是偶尔告诫克斯不要大口吞咽食物。

利恩周围的盘子已经空了。一有人吃完饭，姨妈就会越过坐着的人去取走盘子，放在水池里用力地清洗，之后拿回去时盘子里散发着浓郁的木薯粉香气。渐渐地，厨房中飘荡着热布丁的味道。利恩会把土豆和豆芽放到一边，转向甜点，她在家里的时候也是这么做的。几乎快要吃完的克斯停止了进食；他仔细查看利恩，眼神里有一丝阴谋气息，还有一种同志情谊。不过，姨妈忽视了他们的逆反。姨妈从平底锅中刮下了最后一块布丁，分发给现有的吃布丁的人，当布丁从他们头顶上方盛入盘子里时，他们几乎没有注意到长柄勺。盘子里的食物已经被吃干净了，但没有人提到吃剩的豆芽和土豆。利恩目瞪口呆，觉得内心有些空虚——一切都大不相同——不过她与克斯和阿里朝外面走去。

吃过晚饭后，他们有一个小时的时间可以玩耍。克斯带着利恩去见他的玩伴们。他似乎以她为傲。他对于自己在房子外面荒地里几近崩塌的砖墙上行走的能力非常自豪。当利恩后来注意到克斯的膝盖因此受伤时，克斯还对此不以为意。当克斯从一堆砖块跳到另一堆上时，利恩很快就和一群站着观看的小孩打成一片。虽然他们注意到了利恩的口音，茫然地听着她的故事，但她还是很快就成了这个团体的一部分。

随着夏末夜晚的降临，一种新的意识出现在这些孩子的脑海中，他们就像一群小鸟一般快速共同行动起来。他们钻进了小小的联排房屋里，简单谈了几句明天的计划。在 10 号房屋，喧闹已经结束。姨妈已经打扫完厨房，现在正在做编织活；姨父坐着读书，在房间唯一的光源下表情坚毅，聚精会神。克斯、阿里和利恩在水池边洗漱，接着去厕所。姨妈对他们说"Trusten"（"welterusten"的简写），也就是"晚安"。

孩子们共享一间卧室，大人们和小玛丽安娜则住在另外一间。克斯和阿里在几分钟之内就睡着了。利恩躺在床上，听着他们均匀的呼吸声。在她的记忆里，她从未和别人睡过一间卧室。有那么一阵，她想起了普莱特街自己的卧室。在家里，妈妈在晚上经常会坐在她的身边陪着她，抚摸着她的头发，然后亲吻她安眠。

　　克斯在早上把利恩摇醒了。现在仍然是暑假，今天他准备捉蝌蚪。他知道一个地方，即使在 8 月也能在那里找到蝌蚪，利恩也可以一同前往。他们在餐桌旁狼吞虎咽地吃下面包和奶酪，姨妈看着他们，然后匆匆离开家里。外面阳光照耀，所以利恩在追着克斯跑过空旷的小巷时几乎没有注意到寒意。

　　10 分钟之后，他们已经来到了一片农田和工业仓库区，这里是可以找到蝌蚪的不为人知之地。它们的家是堵塞的沟渠，上面有一个长着草丛和荆棘的斜坡。克斯小心翼翼地向下爬，右手拿着一根耕地的棍子来保持身体稳定，左手则握着一只瓶子。他转过身去看身后的利恩，然后开始在水里搜寻。利恩不确定他想要做什么，但在几次寻找之后克斯似乎很满意。他紧盯着玻璃瓶，之后掉头返回利恩身边，他手中晃动着玻璃瓶，里面装满了奶绿色的液体。

　　利恩几乎不敢触碰那个湿漉漉的容器，她花了一会儿时间来观察在里面游泳的生物，它长着奇怪的尾巴和腿。虽然她在学校学过有关蝌蚪的知识，但她从未亲眼见过它。它看起来就像出了问题的青蛙。过了一会儿，她受到鼓舞，试图抓一只蝌蚪，但在顺着斜坡向下走的时候脚有些打滑。她把手伸进了棕绿色的水中，一种可怕的感觉袭来，似乎有什么东西要努力爬进她的鞋里。克斯对这一切都十分自信，在上面鼓励她，并告诉她一些提升技巧的方法。很快他们之间就产生了友谊，这让利恩更加确信自己所做的事，在他们合作的时候，空气中充满了相互赞赏的喊叫声。上午即将过去之时，他们在一个单独的玻璃瓶中装入了一大群小怪物。在透过玻璃检查他们捕捉的蝌蚪，赋予它们名字和角色后，他们把蝌蚪放回了黑暗之中。

有了这次冒险经历，利恩和克斯成了关系牢固的朋友。后来他们还踏上了几次不同的短途旅途。克斯教利恩在人们的房前按门铃，然后匆匆跑开，藏起来偷偷看。他们也爬上横跨运河的大桥，俯视河中的驳船，克斯则试着投下一些小石块。他非常擅长投掷，时而听到令他满意的玻璃叮当声。多特的城区和周边的乡间都是他们的游乐场，他们可以完全消失在其中，有时候时间长得难以想象。他们二人遵循自己定下的规则，享受着只有孩子们才能拥有的自由。当他们在晚上回到兔管街时，他们感觉自己像征战的英雄，配得上正在等待他们的土豆、豆芽和肉丸盛宴。

利恩人生头一次免遭肚子疼之苦。她在小厨房里开心地吃饭，她喜欢聊天和喧闹，也喜欢到处奔跑的自由。她在家里照顾小玛丽安娜，喂她吃饭时给她讲故事，每喂一口就讲一小段。每个人都遵从家里的规矩——就寝时间、用餐时间，以及将自己的东西收拾得整整齐齐——但实际上利恩几乎不用做任何事。姨妈负责做饭、洗衣服和打扫房间，似乎做这些事情都是不假思索的，至于晚饭，任何人都可以经常携朋友而来。如果姨父在晚上学习的话，他们就要保持安静。利恩有些害怕他，但也十分景仰他。他在和别人交谈时，男男女女都会认真聆听，也会按照他的意见做事。

一个月之后，利恩重新回到了学校，那天正好是她 9 岁的生日：1942 年 9 月 7 日。她可以选择自己的晚餐，所以她选了豆芽。早饭过后，姨妈给她拿来了一些从家里寄来的信件和包裹。当利恩在 8 月初来到这里时，眼前有三个重要的日子：

她的生日（最重要的）、她妈妈的生日（还有很久，在 10 月 28 日，那时她肯定在家），以及最遥远的爸爸的生日，在 12 月，甚至比圣·尼古拉斯日（12 月 6 日）还要远。现在第一个重要的日子就要到了。她首先打开了包裹，里面有两大包糖果，其中一包是甘草味的，她从中拿了一颗又一颗。包裹里还有一件针织物和一本书，她把书放到了一边。

以及 4 封信。坐在雅室里沉默地看着它们有些奇怪，她来到这里之后就很少待在这里。她读的第一封信是爸爸写的，最上方靠右的角落里用大写字母写着"9 月 7 日"，以确保她在正确的日期读到这封信。她认识爸爸那完美的斜体笔迹，它也出现在她诗集的第一页。这封信有四页长：

亲爱的小利恩：

我是为你的生日写下这封信的，祝贺你 9 岁生日快乐，希望你在未来的岁月里有许多幸福的时光，并记住这一天。当然，我们将会再次相见，将会在另一个时间庆祝这次生日。妈妈送了你一份礼物（我不知道是什么），所以我也要这么做，随信附上了 1 荷兰盾，你可以用它买你喜欢的东西，或者如果你有一张糖果配给卡，你也可以用这钱来招待别人。

我听说你在那边过得很开心，正在学习游泳。你已经游得不错了吗？

我们听到你的消息的时候总是非常开心，如果你的事情不是太多，就给我们写信说些你的事情吧。你不需要写很长的信，而且写信会帮助你练习书法。你可能已经去学校了？那样的话就太好了，因为当你回家的时候你就不会落后太多了。

嘿，利恩，我看到了你生日大餐的菜单，看起来很美味。我想我们会在当天吃同样的东西，因为这对我们来说也是一种庆祝。

如果你和其他 5 个人坐在那里，我会很乐意看你们的布丁。如果你愿意的话就把它画下来吧，因为那肯定是一个巨大的布丁。我不知道谁吃最后一口，但我想那肯定是你。我们要记住这件事，因为当你回来之后，我们要从你离开的地方重新开始。

你通常是早上第一个还是最后一个穿衣服的？吃饭呢？我觉得你在吃饭时肯定是第一个。你要给我写信讲述这一切，以及你如何庆祝自己的生日。

别忘了妈妈的生日！！（爸爸在这里写下了一个小小的"10 月 28 日"，他认为利恩以后可能会忘记这个日子。）小利恩，我希望你能过得非常、非常、非常、非常快乐，我们将会在这里喝一杯可口的柠檬水，让我们共同期待我们将会很快重聚，我们三个人，也许就在妈妈的生日之前。那将会是最棒的礼物。嘿，利恩，这张纸就快写满了，而我本想写更多东西的。

替我们谢谢你的养父母，还有他们写给我们的信件。照顾好你自己，这样时间就会飞速前进，直到我们从火车上接到对方。

我也要转达全家人的祝福。祖父祖母、姑妈菲、姑父乔、里尼、达菲耶、姑妈贝普（Bep）、舅舅马尼和舅妈里克及其三个孩子，以及姑父布拉姆（Bram）和姑妈罗。还有我没想起来的人吗？因为他们都告诉我，我必须代表他们向你表示祝贺。我差点就忘了普雷蒂送来的问候。

利恩,祝你幸福长久。嗨,嗨,嗨,万岁!

爸爸

第二封短信来自安德里森夫人:

亲爱的小利恩:

热烈庆祝你的生日,希望你健康快乐。另外,我还要向你的新家庭送上美好的祝福。你应该过得十分愉快,让我们共同期待一切都会回归正常,就像过去一样。我过得不错。你会看到我送给你的一份小礼物。利恩,收下我温暖的祝福吧。

献上我的许多吻

R. A. 夫人

下一封来自埃莉姨妈,她在利恩的集子里写了一首诗,还装饰了一个美丽的扇子。她在大张横格纸的顶部留下了许多空间,在地点和日期"海牙,1942 年 9 月 2 日"下方写道:

亲爱的小利恩:

热烈庆祝你的生日,我希望你成长为一个大姑娘,让爸爸妈妈比现在更以你为荣。

埃莉姨妈非常想见到你,不过现在最好还是不这样做。你的礼物——无论怎样你都知道是什么——你将从别人那里拿到。芭布丝(Babs)织得非常漂亮,对吧?

我听说你在那里过得很开心,一切都很有趣。

如果你非常想见埃莉姨妈，就算只是一会儿，那你应该问问你的姨父姨妈，看看他们有没有办法。

但在那里，你有许多新的姑父姑妈，还有玩伴，所以也许你早就忘记我们了！

可爱的小家伙，我就写到这里了。祝福你生活快乐，享受你美味的生日大餐。

献上我许许多多的吻

埃莉姨妈

E. 卡纳尔布吕赫街 87 号，海牙

甘草味糖果是奶奶和贝普姑妈送给你的！

最后是妈妈的信，利恩想把妈妈的信留到最后看。顶部斜斜地写着"9 月 7 日"：

亲爱的小利恩：

衷心祝贺你 9 岁生日快乐。虽然我现在不能亲自祝贺你，但我这一整天都在想着你，我希望你能像在家里一样过得开心。我给你寄去了一本书，还有一些好吃的，你今年就靠这些勉强度过吧。我无法为你买一块手表。我希望埃莉姨妈会去见你——那对你和对我都是一件好事。不过如果她不去，那么这个包裹就会被寄送出去，你还是可以收到它们。我期待你现在正在学校上课，过得开心，也会感激姨妈和姨父为你做的事情，因为他们为你付出了很多。我不知道爸爸是否可以给你写信，因为他出城了。但请你相信，他这一整天都会想着你，而且他认为我们全家无法团聚是非常遗憾的。不过也许一切都将会再次变好。想着这个吧，亲爱的。给妈妈写一封回信，不过不要放在邮箱里，因为我们不再住在普莱特街了。所以就把信交给姨妈和姨父吧——他们会确保我能收到信。或者你也可以交给埃莉姨妈，如果她来的话。

再见，我的天使，祝愿你度过美好的一天。千万个吻来自爱你的

妈咪

妈妈送给她的这本书叫《一个开心的假日》（*About a Happy Holiday*）。封面上有 3 个用彩铅涂色的小孩，他们站在码头旁边，一位戴着绿色帽子的女士关切地看着他们。他们前方有一艘巨大的远洋客轮驶入码头，孩子们兴奋地向它挥手。船头是结实的三角形，从码头上方升起，船头上有一条长长的白线，规则的黑色圆圈代表了舷窗。右上方正在挥手的人物一定是船长，橘黄色的烟囱向亮黄色的天空中排出了一团烟雾。在像这样的图片中，离开似乎是一件简单而美好的事情。

利恩把这本书放在了雅室一个高高的架子上，没人会动那里。

这些信中饱含着陌生的成年人的悲伤，就像当利恩的父母吵架，她必须离开，与里尼和达菲耶待在一起时感受到的那种悲伤。瞬间，利恩只想回家。真正的家，在普莱特街的她自己的卧室。但现在，她认为可能有另一个女孩住在自己的卧室里，就在她如此想要躺在自己的小床上，让妈妈抚摸她头发的时候。

利恩感觉自己身体的每一部分都有一种喘不过气的感觉，

图 12

而一旦知道自己已经哭了，她就停不下来了。眼泪止不住地涌出。她的呼吸完全乱了，她开始号啕大哭。接着悲痛像疾病一样压垮了她，将她卷入巨大的黑暗浪潮中。

如今，她发现自己不停地哭着，连续哭了几个小时、几天。没有合适的安慰，她只是无意义地想要爸爸和妈妈。无助的姨妈不知如何是好，于是领着利恩在公园里散步，在那里利恩继续哭泣，像擦破皮的伤口一样的悲伤令她痛不欲生。之后两个人都哭了，手拉着手前行，头顶是灰色的秋日天空，深绿色和棕色的树叶还留在树上。她们只是沿着相同的路线走了一圈又一圈，遇见同样的面孔，却什么也不说。当她们一起哭泣的时候，利恩紧紧地抱着这个温暖强壮的女人，失落的情绪中融入了一种新的感情——爱。

第六章

　　海牙中央火车站的天花板就像埃舍尔①画中的方块套方块。我站在那里仰视了一会儿，然后继续扫视人群。我来这里是为了在国家档案馆进行调查，档案馆就在火车站的对面。国家档案馆中存放了战时多德雷赫特警察部门积极地寻找隐藏的犹太人的相关文件。堂弟史蒂文（Steven）将来接我，10分钟之后我认出了他，他将给我提供住所。他的精瘦身形和好看的颧骨十分显眼，以荷兰人的标准来看他也算是个子很高。他身穿一件棒球外套和黑牛仔裤，踩着黑色的滑板运动鞋，戴着一顶鸭舌帽。他的胸前别着一枚小小的徽章，上面还有褪色的绶带。当他弯下腰拥抱我的时候，我感觉到了他的徽章。

　　我们至少有一年没见过了，不过当我给他发电子邮件的时候，他很快就给我回复，告诉我可以待在他那里，离火车站很近。他建议我晚一些到达那里比较好。他将会接我，带我去他的工作地点转一圈，然后我们可以在凌晨时回家。史蒂文有许多职业：视觉艺术家、节日庆典主持人和当地的政治家，他还管理着一家自己创办的艺术中心兼夜店。我们现

---

　　① 即莫里茨·科内利斯·埃舍尔（Maurits Cornelis Escher），荷兰板画家，因绘画中的数学性而闻名。

在正驱车前往夜店。

在看到夜店之前，我先听到了它的动静：一阵沉闷规律的砰砰声。走了 20 分钟后，我们来到了一个轻工业区，里面有仓库，还有在黑暗之中若隐若现的 20 世纪 30 年代的办公大楼，它屹立在高大的钢铁门后。这是一个被废弃的地区，夜店所在的建筑是试图复兴的工程之一，吸引了许多小企业，但还有大量空房。这座巨大建筑的轮廓在夜空中格外突出，让我想起了一艘沉重的油轮，运转引擎试着加速。

我们一进去，半空的夜店里的人们便围住了我们。史蒂文在入口处与一个结实的保镖相互挥拳示意，还给桌旁的女孩一个熊抱。除此之外，夜店里还有干冰和音乐，以及一系列宽敞的房间，年轻人站在房间里的转盘旁，每个房间里亮着五颜六色的跃动灯光。这个地方有一种讽刺的风格。1 号房间的主题是 20 世纪 70 年代的沙滩俱乐部，挂着一个复古的闪光球灯，墙面上投射着一座孤岛的浅粉色幻灯片。有人告诉我，晚上的这个时候，大多数赌博者会通过网络电台收听音乐，查看脸书（Facebook）和照片墙（Instagram），从而决定是否前来。

凌晨 2 点传来了好消息：夜店里已经人山人海。大批伙伴绕过保镖，走进舞池，寻找熟悉的脸庞，点酒喝。他们互相称赞对方的服饰并且查看手机。很快，一幅生动的日本画伴随着音乐出现了，我看到一只大鸟从白墙的各色斑点之中浮现出来。史蒂文骄傲地告诉我，天花板上的钢铁水槽里有 2000 升啤酒，它们是用管道输入酒吧里的。夜店里有各色人种的人，主要是年轻人，他们伴随着欢乐的氛围摇动并举起手来。一个大约六旬的男人——头发剃光，胡茬发灰，一身黑衣——站在我身边袖手旁观，跟着音乐有节奏地点头。后来，我们在庭院里进行了简短的交谈，周围是吸烟者。他是一个专利方面的律师，只要有时间就环游欧洲，参加像这样的活动。他告诉我，柏林尤其伟大。

柏林。这个词的意义已经发生了完全的改变。今日它意味着一个周末休假或一场会议。还有东京，许多转盘旁的年轻人都来自那里，现在那里则充斥着霓虹灯广告、Hello Kitty 等媚俗玩意儿和极简设计。过去的轴心国首都已经被朝气蓬勃的全球化彩虹旗征服，它们在夜店里包围着我。这个清晨我在多德雷赫特看到了移民的另一面：这里的年轻人因音乐和一些诙谐讽刺的网络模因（Internet memes）团结在一起，而不是被边缘化和种族化。但它也在 20 世纪 30 年代以另一种形式存在于这里。利恩父亲的那些照片让我想到，他可能很轻易地就能融入这个快乐的世界性群体。然而，这种团结被大萧条抹去了，至少在柏林是这样。大萧条这场灾难并不完全区别于破坏了工业区的危机，而这个工业区就在黑暗之中处于我们身边，被锁在大门之后。

当我们到达史蒂文的公寓时，已经接近早晨了。他的公寓和夜店一样，位于一座荒废的建筑物之中。虽然这座建筑被标记为拆除，但在此期间还可以用于短期租赁。里面的大房间有 20 多米长，天花板颇高，一排排的窗户没有挂窗帘，从窗户往外望出去，天际线上是多条亮着灯的寂静道路。这里原本是荷兰交易标准机构的实验室，玻璃门上还贴着原来的标签，上面写着"破坏性实验"、"放射科"和"耐力重复"。它像一个电影布景，尤其是因为史蒂文和他的室友们把各种各样的艺术品放在满是灯光的地板上。入口处有一艘迎接来访人的大帆船，它是用胶合板制成的；它的对面，房间的另一端有一个安在底座上的破碎的枝形吊灯。它们之间是一个厨房，配有正面是玻璃的冰箱和一个灶台。

史蒂文直接走向灶台，把热水壶放在上面，然后削一片姜来沏茶。

在我问厕所怎么走的时候，他提醒我："厕所里没有灯，你要用自己的手机来照明。"

很快我们就开始谈论身后延伸发展的城市。我听过史蒂文的各种项目：海牙地方政治、日本的艺术见习、夜店，以及他女朋友在阿姆斯特丹一家城市再开发公司的工作。他询问了我家里的情况：我妻子在医院的新工作，还有我的大女儿乔茜（Josie），她与史蒂文有特殊的联系。史蒂文的年龄介于我和乔茜之间。乔茜近来度过了一些艰难的岁月，但后来遇到转机，史蒂文非常热切地听着她搬到伦敦并在那里工作的事情。在大量消息之中，我对于利恩生活的调查几乎没有引起他的关注，部分原因是我对此羞于启齿，在讲述大学工作的其他方面时一带而过。事实是，利恩的故事并不会令范埃斯一家感到愉快：询问有关它的问题将可能揭开旧伤口。

半个小时过后，我在一间音乐室的床垫上昏昏欲睡，周围堆着大量唱片、一台电子琴和一套架子鼓。夜空已经慢慢变成灰色。

第二天早上，我坐在国家档案馆里阅览室的桌边，这里装潢时髦，灯光明亮。我的面前有 3 个素色卡纸盒。其他的则存放在桌子后面，等待着我浏览。图书馆员办公室后方的玻璃门的另一侧，档案保管员们推着手推车搬运材料，看起来他们似乎从属于一个太平间。身着制服的工作人员四处巡视，寻找隐藏的摄像机，提醒读者不要倚靠在文件上，这让人同时感受到此地的严肃和冷静。

1945年到1950年，荷兰当局对230名警官在大屠杀中扮演的角色进行了调查，这一过程催生了大量的文献资料，它们摆在架子上总长达2.5英里。大多数起诉与阿姆斯特丹有关。但是在多德雷赫特，其300名犹太居民几乎全部被谋杀，它在这个架子上也保有着自己的一席之地。

战时荷兰的犹太人死亡率高达80%，是其他欧洲国家的两倍之多，远高于法国、比利时、意大利，甚至德国和奥地利的犹太人死亡率也没有荷兰高。我是在荷兰抵抗的神话之中模糊地成长起来的，因此这让我备感震惊。

有各种各样的原因可以解释如此之低的存活率：荷兰人口集中在城市，迫害从很早就开始了，逃出国界几乎是不可能的，登记过程（得到了犹太人委员会的盲目配合）效率非常高。但是，荷兰市民的积极参与也发挥了重要作用，他们告发邻居，以及逮捕、拘禁和运输犹太人。在比利时，党卫队是追捕犹太人的猎手；在法国，则面临着维希政府和直接的军事占领的复杂局面。与此不同，在荷兰，是当地的行政机构将犹太人置于死地。

与其他地方不同，荷兰已经形成了提供赏金的制度。每抓捕一个犹太人，就能获得7荷兰盾50分的奖赏。这是警察、告密者或市民协助者能够直接得到的现金。最重要的是，当局建立了一种竞争体制，两个独立的机构被赋予了逮捕的权力。一个是普通的警察机构，警方设立了多种特殊组织，将其命名为"中央控制"、"犹太人事务局"或"政治警察"等。另一个是半商业性质的公司（Hausraterfassung），招募的是荷兰人员工，他们的技术性工作就是没收犹太人的财产，但后来其业务拓展至抓人。尽管只有50名特工，这家公司还是追捕了约9000名犹太人。通过这种手段，荷兰当局抓捕的犹太人数量很快就超过了其德国主子所设定的目标，最终，它运送了107000名"完全犹太人"至东部的死亡营。

多德雷赫特的常规警力中的3个警察做了大多数工作，他们是阿里·登布瑞珍（Arie den Breejen）、特奥·卢卡森（Theo Lukassen）和哈里·埃弗斯（Harry Evers）。从利恩在1942年8月来到这座城市那一刻开始，这些人可能就在搜寻她的踪迹了。

我坐在电脑面前犹豫了一会儿，然后打开了第一个盒子。

当我如此做的时候，我觉得自己仿佛走进了《达摩克利斯的暗室》（The Darkroom of Damocles）里的世界。这部经典的战后荷兰小说是由威廉·弗雷德里克·赫尔曼斯（Willem Frederik Hermans）写就的。此书的最后一部分设定在解放之后，调查员们试图弄清楚在战争期间的荷兰，谁是好人，谁是恶人。小说主人公亨利·奥斯沃特（Henri Osewoudt）等待着他们的裁决，但多年过去，证据似乎只是堆积在桌子上，其中包括成堆的令人费解的照片和互相矛盾的证人陈述。在描述这一状况时，赫尔曼斯使用照片和镜子这样的象征性物体玩了一个文字游戏，如此一来，到了全书结尾，读者再也分不清谁是英雄，谁是恶棍了。

哈里·埃弗斯档案的第一个盒子给予了我同样的印象。盒子里有神秘的照片，其中几张展示了一个橱柜里面隐藏着的电路。其他的则显示了缩微胶卷的多个部分，上面有几行密码。

随机混杂在其中的还有手写信件，印有证人陈述和官方表格。一些描述了埃弗斯的暴行：当他搜寻收音机和手枪等非法物件时，他就会脚踹大门，进行恶毒的审讯。但之后，就像赫尔曼斯小说里的奥斯沃特一样，埃弗斯自己愤怒地写了下来。他声称，他自己实际上是一个抵抗斗士，只是在得到了上级的指示后才加入了政治警察行列。抵抗运动成员们的记录支持了这一故事。他们报告称，埃弗斯经常会把即将突袭的秘密情报告诉他们；他帮忙修整了武器；而且他还在战争的最后阶段协助枪杀了一个通敌者。接着，盒子底部呈现了一份调查委员会的报告，日期是 1945 年 8 月 10 日，其宣称埃弗斯无罪，甚至说他是一个战争英雄。接下来的一张媒体剪报讲述了埃弗斯这个卧底的冒险故事。

然而，夹杂在这些之中还有许多抗议的信件。一些抵抗人士控诉判决完全扭曲了事实。甚至还有将埃弗斯描述成叛国者的传单复印件。这些传单被贴在大街小巷。

事情的真相似乎难以弄清。

不过，在档案馆度过的许多天中，我打开了更多的盒子。一些幸存者从奥斯维辛回到了多德雷赫特，另一些人则从藏身之处现身。随着证言越来越多，首先是数十份，后来是数百份，疑虑逐渐消失了。

第一批发声的人之中就有伊西多·范辉登（Isidor van Huiden），他是一个犹太人，住在杜贝尔达姆街上距赫洛马一家只有几户之隔的地方。他告诉委员会，1942 年 11 月 9 日傍晚，在鹿特丹 4 名警察的支援下，埃弗斯和卢卡森冲入了他家，他们大喊着，咒骂着，然后开始四处翻找。仅 10 分钟后，他的一家人（偷偷地爬进了一个藏身之处）就全部被找到了，并在看守下排成一行。之后，当警察们搜寻文件和他们的其他财产时，范辉登一家听到了隔壁房间里发出的钢琴声。那是埃弗斯在完成工作后演奏的炫耀曲调。

范辉登一家被运到阿姆斯特丹荷兰剧院（Hollandsche Schouwburg）的囹圄之中，他们在那里见到了多德雷赫特的许多邻居，邻居们讲述了暴力刑讯中埃弗斯所扮演的领头角色。

他们将再也见不到自己的邻居了。

伊西多很幸运，因为他作为犹太人委员会的一员仍保有部分权利。他向自己以及荷兰剧院外的家人们许诺，他将会搬去首都，待在一个登记过的地址。他们一被释放，就找到了一个全新的、更好的地方藏身。

在调查继续进行的几个月中，类似的故事渐渐出现。而且，当我通过这些盒子来进行研究的时候，哈里·埃弗斯生活的全景展现在我的眼前。

他从多种多样的描述之中栩栩如生地浮现出来。一个强壮短粗的金发男人，脸上有些肿胀。从年龄和社会背景来看，他是典型的犹太人猎手：毫不起眼，受过一定教育，嗜酒。埃弗斯是一个天主教母亲的私生子，由住在蒂尔堡（Tilburg）的外公抚养长大。他后来辗转从事了多种职业，包括造船和汽车维修，然后在战争爆发前夕加入了荷兰军队。他的体力以及使人服从的能力助他升到军士职位，但无法再升迁至军官级别。

埃弗斯虽然一度是国家主义党的成员，但他并非特别热衷于政治。他主要的兴趣在于大众音乐、色情作品和追求女孩。德国入侵期间，他的举止端止；1940 年 5 月战败后，他和一些前军官确实就某种抵抗展开高谈阔论。不过，这个简单的计划没有任何成果。

1940 年 8 月，埃弗斯加入了警方。很显然，军队不再是一个理想的选择。一些荷兰人确实加入了党卫队或德国国防军，但埃弗斯并不是真的支持德国人。即便如此，他还是像大多数人一样接受了新的事态。他在一个监管黑市、控制价格的组织中得到了一份专业工作，事实很快表明，他在追踪方面极具天赋。

是什么促使埃弗斯在近两年后的 1942 年 7 月转为政治警察？他后来声称，他这样做是受到了一个军事抵抗组织的朋友的指示，但这并不可信。此时的多德雷赫特基本上还没有军事抵抗组织这类的东西，也肯定不是他在受审时吹嘘的传说中的"K 部"（Section K）。埃弗斯确实和他的一个老朋友保持着联系，后者最终成了抵抗运动中的一员。他一向擅长保持警惕和高度注意力。但形势在向有利于德国人的方向发展。抵抗是荒谬的。他才刚刚结婚，需要搬出自己的寄宿公寓。追捕犹太人行动即将开始，这意味着可以从政治警察那里轻松地弄到钱。一个在黑社会和黑市里有丰富经验的人恰好是政治警察所需的。所以埃弗斯加入了法西斯联盟（Fascist Union），他非常清楚一旦形势变坏，还有荷兰民族主义者这条退路可走。

而且，他加入政治警察后，很快就发现这里比自己想象的还要好。他认识一些了解情况的人，还有一股自然流露出的气势，因此很容易就能获知真相。这里有一整夜的会议，以及可以直接获取的大把珠宝和钞票。他习得了一些显示他性格的小技巧，比如在说话时玩弄手枪，或者在突袭结束后弹钢琴。他甚至从一个原犹太人房屋中获得了一架钢琴。

把事情做得恰到好处是需要天分的。他会检查混凝土地板是否有裂缝，裂缝意味着有隐藏的通道，他还会测量天花板到地面的高度。控制女人是他一个特别的乐趣。他的办公室旁边有一个房间，他用来强奸碰巧看上眼的犹太女孩。他喜欢称自己的妻子为他的"花椰菜"，那些犹太女孩则是他的"豆芽"。

当我阅读这些文件时，我想起了藏身的利恩。

埃弗斯也抓小孩。有一次，他看见了一个骑自行车的小女孩，他随后提醒登布瑞珍说她看起来"像一个犹太人"，所以他们尾随她回家，发现了火炉里正在燃烧的文件，这证明他的猜测是正确的。

这是米皮·维斯库珀（Miepie Viskooper）的事例，她是一个来自阿姆斯特丹的 7 岁女孩，离利恩最近。她是证人陈述 146 到 148 的对象。

证人 146 是约翰娜·维格曼（Johanna Wigman），一个 20 多岁的酒吧女招待，她照顾着这个小女孩。1943 年 11 月 15 日晚上，米皮睡在约翰娜旁边的一个床垫上。之后，11 点半，约翰娜听到了楼下有人闯入的声音。在埃弗斯和登布瑞珍破门而入之前，她恰好把孩子藏在了毯子下面。警察们质询她的名字是否为约翰娜·维格曼，之后就开始搜寻。米皮很快就被找到了。证人陈述显示，登布瑞珍说道："我们找到了孩子！"但是，当警察们继续寻找其他证据时，小女孩逃跑了。

埃弗斯和登布瑞珍大发雷霆，因约翰娜·维格曼的保护之举而将她送到了菲赫特（Vught）的集中营。

证人 147 是隔壁咖啡馆的主人科内利斯·范托伦（Cornelis van Tooren）。他自己有一个名叫小扬内（Jannetjc）的女儿，年龄和米皮相当。他报告称，埃弗斯和登布瑞珍在转移至隔壁的公寓前，首先搜寻了他的咖啡馆。他们离开以后，他并没有放松警惕，之后在大概午夜的时候，米皮跑进了酒吧。埃弗斯跟着她跑来，他举着左轮手枪冲女孩大喊："你的死期到了！"

她回答："我来到这里只是想和小扬内说再见。"

最糟糕的是证人148，即米皮的父亲，一个大城市里的小型糖果厂厂商，与利恩的父亲一样。米皮也是像利恩一样的独生女，而且和利恩父母一样，维斯库珀夫妇认为如果米皮和非犹太人藏在一起就会安全，所以他们把米皮送走了。他们自己也去避难了，但被抓住了。在被逮捕这一最糟糕的时刻，他们还在想着，这对于他们的女儿而言至少是正确的选择。

但后来，这对夫妇被拘禁在韦斯特博克（Westerbork），即通往奥斯维辛的荷兰人中转营，米皮则在看押下与她的母亲重聚。

当我读到这里，我想起了自己的妻儿，想象着这次不尽如人意的重聚。我能看到孩子认出母亲时脸上的笑容。

维斯库珀一家一起辗转到波兰。接着，刚一到达，米海尔·维斯库珀（Michel Viskooper）就眼睁睁地看着自己的妻子和女儿被带离他的身边，被一辆卡车运走了。

米皮的父亲米海尔是死亡营中幸存下来的仅5200名荷兰犹太人中的一员，却最终独自回到了荷兰。

我在阅览室里一动不动地坐着，长达几分钟。之后我在电脑上一字不落地抄写了米皮的案例，尽可能快地打出来。

哈里·埃弗斯的战时事业与档案馆中文件记录的许多通敌

者相匹配。一旦权力的天平开始倾斜，他们就开始思考改变立场。1943 年夏天，就在运送荷兰犹太人的任务即将完成时，德国国防军进军苏联的行动受到阻遏。早在春天，从事非必要职业的前军人们就受召前往德国的强制劳动营，到了 7 月，25 万名工人被送到了那里。起初是上千人，后来则有几十万人四处躲藏，以逃避这一命运。随着当局开始搜寻失踪的人们，人们反对占领者的情绪愈发强烈了。年初完全不存在的武装反抗在 1943 年的最后两个月发展迅速。与此同时，天空中遍布盟军的轰炸机，埃弗斯和其他人一样开始担忧自己的所作所为。

因此，从第二年伊始，他就开始积极地帮助抵抗运动，并且抓住一切机会告诉他们自己的勇敢，他身为一个双重特工，在己方的指示下为德国人工作。随着时间的推移，他提供了越来越多的帮助。最后，随着加拿大坦克轰隆隆地驶过田地，他前往旧友家中或咖啡馆拜访老朋友，用刀威胁他们发誓忠于自己。战争一结束，他甚至把自己偷走的钢琴还给了犹太人，虽然它已经被严重损毁。

战争结束近一年内，他依旧保持着自由，不过在 1946 年 2 月 13 日，在蒂尔堡他童年时期住宅旁的税务办公室里，埃弗斯被逮捕。他当时携带着上膛的手枪和一些手榴弹。不过，他安静地离开了。

最终，他被判处 8 年有期徒刑，上诉后减为 3 年 6 个月。这并非不合情理。毕竟，韦斯特博克著名的"大笑指挥官"阿尔贝特·格梅克（Albert Gemmeker）服刑了不到 6 年，他曾为庆祝第 40000 名受害者运到奥斯维辛而举办了一场盛大的聚会。后来，埃弗斯重回社会，享受了第二段婚姻，虽然这次也很快以离婚收场。当在 20 世纪 90 年代初去世，他时年 73 岁，在多德雷赫特还有人称赞他为英雄，以及不公平裁决的受害者。

最后，我重新把资料成捆扎起来。第二天，一早起床的史蒂文将我送上火车。当我们走向车站，即利恩来到多德雷赫特时到达的车站，他才指向了自己胸前别着的那个有绶带的小徽章。他告诉我，他的祖父因在抵抗运动中表现英勇而被授予了这个徽章。祖父去世后，没有人愿意佩戴它，因此史蒂文就戴上了。

火车车门关闭，发出嘶嘶的响声，火车开始启动。史蒂文留在站台上，朝我微笑并挥手。当我走向上层车厢寻找座位的时候，我开始问我自己，我正在做什么。利恩询问我的目的。有许多人的故事和利恩的类似，赤裸裸的真相已经被记录在犹太人大屠杀基金会（Shoah Foundation）的档案馆中。这座档案馆是史蒂文·斯皮尔伯格（Steven Spielberg）在拍摄完《辛德勒的名单》后不久于 1994 年设立的。我可以为它增添些什么吗？

在我周围，早晨通勤的人们敲打着笔记本键盘，海牙的郊区则迅速消失在火车身后。沉重的车厢在完美无瑕的轨道上奔驰，几乎不发出任何声音。就像我早前行驶在平坦笔直的高速公路，开车进入海牙一样，火车那平稳流畅的行进令我感觉远离了窗外的世界。荷兰的铁路旅行与大多数其他国家的感觉有所不同，因为战前的基础设施几乎没有遗留下来。这使得荷兰的过去比英国的更加不可感知，英国的一切都嘎吱作响，看起来十分陈旧。这也是利恩在 70 多年前离开父母时的旅途：我们途经的是同一片土地。我的视线从窗外转移到车厢里的现代化装潢，我问我自己，是否可以写出追溯荷兰的过去和现在之间无形联系的东西。我也非常好奇我的家庭，以及他们与利恩的关系。

第七章

利恩阿姆斯特丹公寓桌子上的红色相册中，第二页的照片是在 20 世纪 40 年代初拍摄的。标题写着"多德雷赫特"，下面标有下划线。第二页共有 9 张照片。顶部的 2 张都是一对小孩的照片，一个小女孩和一个小男孩站在一起，却几乎没有接触，他们是阿里和克斯。左边的照片是最早的，看起来应该是冬天拍摄的。这大概是他们的母亲在世时拍下的；姐姐阿里当时不过 3 岁。她一手抱着一个玩偶，另一只手扶着她的弟弟让他保持稳定，克斯则努力保持着站立的姿势。右边的照片是几年后拍的，克斯已经冲在前面，在照相机前有些嬉皮笑脸，仰着脑袋。摄像师站在高于姐弟俩的位置，因此他们抬头看着，带着期待的表情，照片中则留下了太多的空白。现在阿里站在克斯的后方，在他的阴影之下——既是象征意义上的，也是字面意义上的。

像这一页的大多数照片一样，他们的动作十分普通，对被拍照相当生疏；表情则难以读懂。页面中间有一些下方没有写名字的护照照片，主人公是利恩的"姨妈"和"姨父"。姨父是阿里、克斯和玛丽安娜的父亲。姨妈是玛丽安娜的母亲，现在也是阿里和克斯的继母。她有些圆润，相貌平平；很容易就可以想象到她是一个农场劳工的女儿，之后，从 14 岁起以女

图 13

图 14

仆的工作为生，直到近 30 岁时遇到了未来的丈夫。她小时候被家里人叫作"胖扬斯"（fat Jans），虽然早年以面包和土豆为主要食物的人不太可能长得很胖。姨父则更加结实瘦长，虽然这张照片没怎么显示出来。它让我想起了为抵抗运动而偷运的身份证上的面无表情——这是他参与的诸多秘密活动之一，他很少提及这些事情，即使在后来的生活中也是如此。他平日的工作是装配发动机，在多德雷赫特的电机工厂上班，他特别擅长校准机器，使其尽可能良好地运作。这意味着他在全国范围内四处旅行，比如前往矿区和印刷厂，调整和维修在多特制造的发动机。这样的工作对于一个抵抗人士来说是一个相当好的掩护。

这对夫妇传统、内敛的外表体现了他们很多方面的特点。他们不会出现情绪上的大爆发，他们也不喜欢虚荣浮夸。他们会为你做许多事，但感谢的表情将会得到羞涩、略显不快地耸耸肩的回应。他们热情关注社会民主工人党，即荷兰工党的前身：不是革命性质的，而是公有性质的，他们相信制度、公共供给，以及通过给予所有人平等的机会来实现人性的改善。他们两人在这个组织的晚课上相识，他已经是有两个孩子的鳏夫，她则是一个理想主义的、热心的 28 岁女孩。他们之间并没有什么浪漫的事情。姨妈喜欢说的主要是家务、孩子和政治。她非常务实，不怎么在乎外表的精致。她的丈夫有一次告诉她："瘦女人是用来观看的，胖女人是用来结婚的。"然后她就满意地把这句话重复给自己的朋友们。他相当严厉，希望妻子服从于自己，如果她偶尔跨过他为一家人划的界限，他就会命令她出去。这不是一个模范丈夫应有的行为。他身上带着锐气，但也有一股威严；他永远诚实，有自己的原则，而且言出必行。因此，虽然她有些惧怕自己的丈夫，更希望在没有丈夫雄性激情的压力下做事，但扬斯以自己的丈夫和她养育的孩子为荣。

图 15　　　　　　　　　　　　　　图 16

　　相册左页有一张小玛丽安娜的照片，她扬扬自得地笑着，在白色木凳上保持平衡。这张照片是在德布鲁因夫人（Mrs de Bruyne）的房子外拍摄的，位于 10 号的正对面，两座房子中间隔着一条街道。德布鲁因夫人则坐在小玛丽安娜的旁边注视着她。在相册中，她被记为"比因夫人"（Fau Buyne），因为这是 1 岁的小玛丽安娜读韦鲁·布鲁因（Vroux Bruyne）时的发音，这个名字由此流行起来。寡妇比因夫人是这家人的好朋友，如果姨妈需要出门，她就会帮忙照看小玛丽安娜。她看起来很年轻，不过女儿已经成年，就住在街拐角处。比因夫人是延伸兔管街内外庞大的亲朋近邻网的一部分，人们从事着相同种类的工作，同样收入微薄，尽最大的努力维生。

　　这一页有两张照片的主人公不是他们的家庭成员。一张标着"安妮·穆克霍克"（Annie Mookhoek），这张照片的风格与其他的类似，一个纤细漂亮的小女孩穿着格纹裙、厚袜子和

图 17

深色鞋。摄影师同样将她的全身置于照片的正中央，她不太自然地站在那里，双臂垂在身体两侧。一片绿色的灌木丛包围在她身边，打造了一种悬空的怪异之感，仿佛她就要冲上天际。明晃晃的阳光使她裙子上的格子花纹与光和影的交错融为一体。她似乎是从高处朝下微笑着。这个笑着的女孩住在几家之外，如果利恩不和克斯在一起，那她就会和安妮一同玩街头游

图 18

戏，前往游泳池，或者探索乡下。

　　此页最后一张照片和其他的截然不同。这张泛黄的大照片边角圆滑，展现了一个深色头发、满脸愁容的男孩，他大概 9 岁。照片从中间被折成两半，底部撕去了一大块，边缘皱巴巴的，还遭到腐蚀，看起来就像有百年之久的羊皮纸。主人公的姿势是 19 世纪以来正规肖像画的姿态，男孩的头部和肩部一丝不苟地置于照片正中。与此形成鲜明对比的那些笨拙的照片则占据了相册页面上的剩余位置。照片下方用蓝色圆珠笔写着"小汉斯"（Hansje）。照片被撕下了一大块，在男孩的心脏处留下了一个大洞，那正是犹太人的星星被固定的地方。

　　相册此页照片中出现的人们曾日日陪伴在来到多德雷赫特的利恩身边。她的哭泣开始得如此突然，但也随着融入兔管街的日常生活而日益变少。家里不会说起这种事情。事实上，没

图 19

有人谈论过感情或父母；姨妈和姨父只是沉稳、可靠和公正。如果你摔倒并擦破了膝盖，姨妈就会用碘酒轻轻擦拭，给你一个吻，然后带你回家。

　　和克斯、安妮或者街上的其他小孩在一起时总是非常有趣。他们玩的游戏和利恩以前玩的有些不同，不过一旦你知道了要走多少步、在开始跑之前要捂住自己的眼睛多长时间，或者你可以一次握住多少颗石子，它们就都一样了。

　　9 月的一个下午，当他们都在厨房时，利恩让克斯在自己的诗集上写东西。一开始，她担心或许他会认为这都是傻女孩的玩意儿，不过他一言不发地从利恩的手上接过了诗集，坐在桌子旁，很长一段时间内只是咬着笔头。当他终于开始动笔时，他从嘴角边伸出了一点舌头。他完全写完之后，才允许利恩看，而当利恩查看自己的诗集时，她发现两页上都写满了克斯清秀的笔迹。每个单词的最后一个字母带有一些弧度，文字紧贴着轻轻画着的铅笔线。他加宽了单词之间的距离，以至于有时候需要从上到下，有时候需要从一角到另一角阅读：

图 20

给予——得到

我——不

保持——安然无恙

直到你——重达

500 磅。

早上好星期一。

星期二过得怎么样？

向星期三问好

然后是星期四

我将乘坐星期五的火车

在星期六和星期日停留

狗、猫、鼠

小利恩是一个

珍宝

你的

兄弟

克斯

　　几乎所有的字母都排列得十分完美。只有在页面顶部
"小利恩"（Lientje）一词处因为墨渍而有些模糊，克斯首先
写下了"利恩"，之后在词尾补上了 tje。tje 代表着"小"的
意思，用于某些你珍视的人或物。

　　利恩很少见到阿里，因为阿里的年龄稍大，现在不怎么在
街上玩耍了，所以利恩一般会和女友们待在一起，谈论衣服、
头发、男孩，还有其他利恩并不十分感兴趣的东西。当阿里在
利恩的诗集里写作时，她赠予利恩一个与她稚气的游戏大相径
庭的未来：

亲爱的小利恩

我祝愿你：
拥有一个年轻英俊的男子，
一座美丽绝佳的房子，
如山一般的财富，
每个明媚的早晨，
田野中的牛和马厩里的马，
盐里的猪和桌上的火腿，

　　这一切，没有忧虑，

　　直到百年。

你的姐妹阿里

　　阿里的笔迹和她的其他方面一样整洁、端正和成熟。

　　阿里写下的这个世界中有关牛、马和马厩，这与他们生活的满是联排房屋和工厂工人的世界一点都不一样。不过利恩确实在多德雷赫特城外见过许多农场，她是在和克斯去探险找寻野生动物，或者去看望斯特赖恩（Strijen）祖父母的途中见到的，祖父母家离他们家有 20 分钟公交车的路程。祖父母在斯特赖恩的家位于一个小村庄里，是一座三室的租赁小屋，没有电，所以在晚上的时候要使用油灯，不过大部分情况下，天一黑就要去睡觉了。

图 21

　　利恩经常在周末与克斯和阿里前往斯特赖恩。他们乘坐的公交车在堤坝上颠簸起伏，他们感觉像王室成员，向外观看四

周的巨大平坦土地。在祖父母家，你要睡在坡屋顶下方的一个
高台上，爬着梯子上去。从那里，你可以透过窗台偷窥下面的
房间，不过煤油灯几乎立刻就熄灭了——火焰伴随着轻柔的
"砰"的一声就灭了——所以根本看不见任何东西。利恩从未
感受过这样的黑暗或沉寂。当她睁着眼时，模糊的影子在她眼
前飘荡，还有铃声传入她的耳中。

到了早上，她帮忙喂猪（猪很快就要在食品储藏室中
"进入盐里"了）、兔子和鸡。它们都生活在环绕小屋的一条
狭长土地上的畜栏里，她的鞋则要深陷寒冷的黏土里。当兔子
们咻咻地嗅着利恩手掌中的草时，它们的嘴就像柔软而清冷的
黏土。小屋就建在堤坝的正对面，在它后面如山峰一般矗立
着，俯瞰着运河的黑水，再往远处是一大片田地，一直延伸到
远方的晨雾之中。

吃早饭时，利恩挤在克斯和阿里之间。祖母——她说的荷
兰语带有一些乡下口音，利恩觉得很难听懂——将一条面包紧
紧地抵在带着围裙的肚子上，在面包末端抹上黄油。她问道：
"谁想来一块？"克斯是最快举手的，所以祖母迅速地在面包
上切了一刀，朝着克斯的方向用刀子拍了拍一大块面包，准确
地放在擦拭干净的木桌边的克斯面前，面包的表面涂上了黄
油。祖母又问了一遍："谁想来一块？"

在斯特赖恩，孩子们在小屋周边、田地边缘、能看到河对
岸的堤坝上自由地闲逛。还有叔叔阿姨们在夹在堤坝和田地之
间的其他小屋里生活，有时候他们也在那里吃饭。阿姨们十分
和善，并不在意你加入她们。就像在祖父母家一样，在这里用
餐前有十分漫长的祷告，不过如果有其他孩子坐在你身边，你
就不能在祈祷时闭上眼睛太久，因为有人会从你的盘子里拿走

好吃的。农场的工人们接纳了利恩，将她视作孩子们中的一分子。如果有人问起，她就是"波特家的一员"，因为祖父的外号就叫"波特"（Pot）。

斯特赖恩是一个多泥地的乡村，相当平坦。荷兰实际上是一个巨大的河口，由经历了数百万年侵蚀的阿尔卑斯山岩石组成，这些岩石被莱茵河搬运至此地。随着土地变得平坦，这条大河失去了力量，在东部留下了光滑圆润的碎石。当它在荷兰中部流动得更加缓慢，沙子就沉淀下来。最终，这条河受到潮汐影响，变得愈发平缓，就剩下了形成荷兰西南地区黏土的泥沙。这个河岸地区变成了围垦地，莱茵河（现在分成几条不同的宽阔水渠，每条河都有自己的名字）退到堤坝后面，在土地上方高高地涌动。

姨妈生长在这个多泥地、与水平面齐平的乡村，这里的天空无边无际，一直延伸到河边和海边。她的父亲和兄弟们都是流动农场工人，他们作为非熟练工，从一个农场辗转到另一个农场，以此勉强为生。他们播种、除草、收获，把土豆和甜菜拉到马车上，之后这些东西才能被送到镇子里。如果没有农活可以做，这些男人就会离家前往泥滩边的驳船上劳作，在那里收集芦苇，用来盖屋顶和编篮子。这些围垦地的劳工，双手粗糙得如同裂开的皮革，是荷兰社会中的最底层；他们几乎一无所有，就像阿尔卑斯山上被侵蚀的岩石，从巨石变成了碎石、沙子，直到泥土。

姨妈离开了这个满是黏土的乡村，来到城市，首先找了份女仆的工作，后来成了发动机装配工的妻子，要照顾丈夫的两个孩子、利恩，以及她自己的一个孩子。她已经背弃了父母的宗教——他们的祷告和诵读《圣经》，以及对雷电是上帝之怒的相信——取而代之的是对社会主义的信仰：男人和女人可以通过共同努力变得更好；通过教育、医疗、公共设施，以及共同占有，一个新的世界将会建立起来。德国的入侵是一股逆流，不过她和她的丈夫已经准备好战斗了。

＊

利恩现在已经融入她的新家了。她不怎么思考战争或政治的事情，不过隐隐感到某些东西掌控着离她遥远得不可思议的成人世界。当然，她确实思念妈妈和爸爸。那种强烈的痛感在她生日后的几个星期中逐渐消散，但渴望这种强烈情感依然挥之不去，当她希望最起码妈妈可以在身边陪伴时，这种愿望紧紧地攫住了她。随着白昼渐渐变短，利恩开始想起当她来到多德雷赫特时脑海中的第二个日子：妈妈的生日，即 10 月 28 日。她的钱足够买一份礼物，她还要写一封信。因为他们不能使用公共邮政服务，所以利恩不得不在恰当的时候开始写信。一个下雨的星期四下午，利恩放学以后，姨妈让她坐在餐桌旁写信。距离妈妈的生日还有近一个月，却要假装那天已经到来，这样写下的信件还真是有趣：

1942 年 10 月 1 日

亲爱的妈咪：

哇！我们一直期待的欢乐之日终于到来了。

我现在去上学了。从 9 月起我开始上学。我会送给你一份小礼物。明年是一份更大的礼物。现在我们则要开始唱歌，直到你的喉咙痛。

利恩写下了荷兰生日歌中的所有词，所以她的信已经占满这张大横格纸第一面三分之二的地方："愿她长寿，愿她长寿，愿她永远活在荣光中。在荣光中……"现在纸上歌词的内容比利恩的消息更多。最后，整首歌写完了。"所以，"利恩写道，仿佛气喘吁吁地唱完了歌，"现在你的喉咙肯定很痛了吧?"给妈妈写信不如直接去见她好，她不知道应该说些什么。这封信的一大半已经完成了，不过还有另一面以及四分之一的横格空着，要写些最近的消息来填满它。

刚开始去上学时，感觉有点奇怪，也有点新鲜。我必须适应。过了一阵子之后感觉好了一些。幸运的是我的功课并没有落下。我们已经开始学分数了。虽然我并不是很擅长，但还是有进步。这里也有一个不再是犹太人的小男孩。你不再是一个犹太人了。去学校的话要走将近 15 分钟。我现在有了一个男老师，而不是一个女老师。他叫海门贝格先生（Mr Heimenberg），很爱开玩笑。一开始，他用黑板边的红色粉笔在一个女孩的脸颊上涂色……

你不再是一个犹太人了。去学校的话要走将近 15 分钟。她如何从一种身份转变到另一种？利恩没有思考这个问题；她的笔只是在纸上不停移动，心里一边想着妈妈，一边想着字迹会不会很快就干，这样就能出去玩了。她也开始想起她的老师海门贝格先生。她陷入了兴奋之中，变得有些迷糊，并开始重复自己的话了：

然后他也在她的鼻子上涂上了红色。之后数学课上的一个女孩或者男孩不得不指出某个东西，他拿着棍子像这样转过来，他们无法拿到。最终他把它给了他们，其他人则必须指出来。

无论阅读多少次，都无法弄清这个故事究竟讲的是什么，不过利恩的写作并未受到任何干扰：

> 至于其他的事，学校里和街上的孩子们非常友善。不到 2 岁的小女孩玛丽安娜则是个小淘气包。一开始她要在便壶上方便。她将它称作自己的"壶"。所以我就去拿便壶，接着姨妈说道："小玛丽安娜，过来这里，你可以自己拿便壶。"但她说道："不，不要壶——骗你的。"她的意思是她不需要那个便壶，她只是骗人的。

现在利恩终于写到了这张纸的底部，所以她的最后一句话必须挤在没有横格的空白处：

> 我祝愿你过得快乐，我们也会在这里小小地庆祝一番的。我会买一些花，还有美味的食物。我希望明年我们就会相聚了。十分思念你的小利恩，献上许多个吻。

她真的会为妈妈的生日买花和美食吗？这么说的话感觉是正确且成熟的，就像她寄去的礼物让人觉得正确和成熟。礼物是一块画着卡通画的小瓷砖，看起来是用水彩笔画上的。上面画着一个似乎要溺水的男人，不过说实话，他上身穿着一件小夹克，看起来十分干燥，他的身体则高高地探出水面。海岸就在他的身边，令人失望的却是他够不到岸边，幸好此时一个救生圈正朝他飞去。画面下方写道："危险达到顶点时，救援近在咫尺。"利恩和姨妈在商店里挑礼物时，这似乎是个很合适的东西，而且如果使用秘密的邮寄，就不可能寄送体积庞大的物品。姨妈因利恩写完信而表扬了她，她把信包起来，把瓷砖塞入信封里，最后加了一些自己的话：

图 22

亲爱的利恩妈妈：

我只是想在小利恩的信里增加一些话。写这封信确实费了她不少工夫，不过她最终还是完成了！

她做得相当出色——她去上学了，我得到了有关她优异表现的报告。她举止得体，领悟力强。她向来欢快，不过偶尔也会十分思念你和她的爸爸。

小利恩自己挑选了礼物。她本来更喜欢"笑到最后才是笑得最好"这句格言，不过商店里没有这个。

就衣服而言，我是按照自己认为最好的方式来整理的。对于我们阿里来说太小的衣服，利恩穿上则正好。她有很多衣服，不过有一些她已经穿不了了。不管怎么说，一切顺利。

我经常对她说，她就像个假小子。然后她就会回复说："这是我妈妈经常说的话。"

我希望你们的日子不会太艰难，如果可能的话。我还希望明年我们可以亲自庆祝你的生日，与你的丈夫和孩子一起。

我们会在这里弄得喜庆一些，利恩肯定会一整天都想着你的。

如果可以的话，请给我们寄一封信，告诉我们是否有什么特别的事情可以为利恩做。

送上美好的祝福，同样还有来自利恩的姨父亨克（Henk）的祝福。

　　　　　　　　　　　　　　　　　她的姨妈扬斯

写下这种信息，或者让利恩给她远方的母亲写信已实属不易，更难的是，信封回来时还未被拆封，以及必须瞒过利恩的眼睛。

与此同时，姨妈还在尽最大努力继续洗衣、打扫、烹饪，还有照顾孩子们。利恩的裙子（在博内特里买的灰蓝色丝裙，以及妈妈亲手缝制的钟形绸缎裙）需要传给其他孩子穿，不能被当作纪念物保留下来，即使利恩觉得自己仿佛遗失了珍贵的宝贝。

当利恩想在 12 月 10 日给她的爸爸写信的时候，姨妈告诉她，已经没有可寄信的地址了，那些信件都被送到了错误的地方。那天下午，厨房里十分静寂，利恩独自坐在角落里。她的手指上戴着两枚小戒指，这是父母送她的礼物，一枚是金的，一枚是银的。她摘下了两枚戒指，顺着地板把它们滚来滚去，来来回回地从一只手滚到另一只手。先是第一枚，然后是第二枚顺着墙边溜进了地板里，消失在黑暗之中。自此之后，利恩很长一段时间没有再想父母的事情了。

冬日变得越来越暗、越来越冷，利恩在家中的时间也越来越长，在厨房里和小玛丽安娜玩耍，或者在隔壁房间里和一个朋友聊天。姨妈并不经常亲吻或者拥抱她，也很少表达爱意，但她确实给人一种安心感，而正是这种安心感让利恩得以继续做个孩子。火炉里散发出洁净、干燥的温暖，空气中则一直飘荡着令人舒适的味道，或是洗衣服的味道，或是熨烫的味道，抑或□□的味道。利恩放学回家后，家中总是有一杯温热的牛奶，还□□□苹果糖浆的一厚片面包。姨妈总会询问她这一天过得怎么样□□会告诉利恩，小玛丽安娜与自己在家时做了些什么。

随着时间的流□□越来越多朋友的名字出现在利恩的诗集中。利恩特别喜欢她的□学内莉·巴克斯（Nelly Baks）写下的一首诗，因为它书法飘逸□语言怪异而又令人着迷，还有一种逐渐消逝的老荷兰语风格。

小利恩

你说，你站在花丛中是什么，

芳香柔弱的植物，还是活泼欢快的香草？

扭曲的土石，你的力量从何而来？

噢，你，这个搅动我心扉的人！

　　这首诗出自一本书，书就放在内莉家雅室的一个玻璃柜里。当家里没人的时候，内莉有时就会蹑手蹑脚地进去，翻看这本书，虽然她不理解里面所写的全部词语，但她用心记住了这些。

　　利恩最好的朋友安妮·穆克霍克也非常欣赏这首诗，她希望自己的诗（诗集里多特部分的第一首，从 9 月 1 日开始记录）能够和内莉的一样浪漫。现在已是冬天，安妮·穆克霍克经常待在兔管街利恩家中的厨房里，同样喝着热牛奶，吃着浇了苹果糖浆的面包片。这个圆眼大睁、头发飘逸的女孩对古时候公主、骑士和城堡的故事无所不知。当她和利恩坐在厨房隔壁孩子们的卧室里时，她们会谈论浪漫的冒险故事，以及在一个邪恶国王的统治下过着逃亡生活的亡命之徒，此时她们少女般的脸庞就会绽放出兴奋的神采。然后，被这种气氛鼓动，利恩悄悄告诉安妮自己有一个秘密，一个不能告诉任何人的秘密。安妮把耳朵凑过去，想要听利恩说的悄悄话。利恩低语道："我其实是一个正在躲藏的犹太人。""犹太人"，这个词令人沉迷。

　　安妮转过身去，惊讶地睁大了眼睛，重新审视起自己的朋友。她问道："这是真的吗？"

　　几天之后，利恩回家后发现姨妈奇怪地颤抖着，正在厨房里等着她，既没有热牛奶，也没有淋上糖浆的面包。利恩的胳膊被紧紧地握住，接着她被领到了雅室。姨妈关上了门，然后双手抓住利恩的双肩，用同样结实的力量捏住了她的肩膀。姨妈弯下腰来贴近利恩，近得利恩能够看见姨妈脸颊上细细的红血丝，如蜘蛛网一般。安妮已经把这件事告诉了她的妈妈，后者又把这个消息透露给了姨妈。

"你不能，再也不能，告诉任何人这件事。"姨妈缓慢地说着，说完每个词后都会停一下。

利恩没吃到晚饭就被送去睡觉了，这是从未发生过的事情。她躺在床上，干燥的双眼直勾勾地盯着天花板，听着椅子的摩擦声、盘子上刀叉碰撞的叮当声，以及透过薄薄的门传来的喧闹声。除了这些声音以外，此刻没有任何别的东西进入她的意识里——既没有恐惧，也没有后悔，更没有任何关于家的记忆。外面有一个黑暗的实体压在她的心头：一个巨大的无形生物正在盘旋，只有听闻它羽翼的扇动声才能感知到它的存在。

利恩还向另外一个人吐露了自己的秘密，不过小汉斯——相册上那个满面愁容的男孩——没有告诉任何人。现在这两个孩子更经常待在一起，即便是在寒冷1月的户外。他们在灌木丛林地的一堵修建到一半的墙边，玩一个叫"动物墓地"的游戏。他们会带来一只死去的老鼠、一只冻死的小鸟，或者一只翅膀破碎、色彩斑斓的蝴蝶。小汉斯和利恩用一块破损的石板在冻硬的土地上挖洞，建墓地和墓碑，还用指甲在一块砖上画上埋葬的日期。有时候他们找不到需要掩埋的动物，所以他们会寻找一些活着的动物，帮助它们"上路"。他们会砸碎甲虫的壳，或者压扁藏在岩石下的蠕虫的粉色螺旋血管。"得到帮助"的动物们的仪式和已经死去的基本一样：当它们的身体被缓缓地送入坟墓里时，利恩和小汉斯会在旁边轻柔地喃喃而语。小汉斯也"不再是犹太人了"，两人有一些共同之处，不过他们从未说起那是什么。

1942年与1943年之交的冬天比上一个冬天更加温和，不过仍有冻霜和冰雨，偶尔还会飘起雪花。利恩遭遇了所谓的"冬脚"：红蓝色的冻疮，脚趾周围又痛又痒。治疗方法相当原始：必须每天早上坐着，双脚泡在盛着晨尿的盆子里，尿液一开始是温热的，但很快就会变凉。除此之外——当波兰犹太人在面对最后对犹太人隔离区（隔都）的清除，发动华沙起义奋勇反抗时；当德军在斯大林格勒面临溃败时——多德雷赫特的一切都相当平静。虽然可选的食物大大减少了，但还是够吃的，而且利恩并不关心战争的进程。

对于她来说，生活像往常一样继续着。事实上，是比以前更加正常了。她只是家中的一员。随着池塘和沟渠里的薄冰渐渐消融，她开始与克斯外出寻找青蛙卵，然后把一大堆小黑籽组成的胶状物装入瓶子里。他们更频繁地前往斯特赖恩，去看耕地和播种。兔管街的日常生活规律并未受到打扰：朋友们依旧来家里吃晚饭；街上的游戏也在继续；姨妈以自己温暖、自信的关怀掌管着家里的一切。利恩和克斯宛如亲兄妹：他们一起度过假日，惹是生非。在学校里学习知识，与其他孩子成为朋友都很容易。而且，随着日子一天天过去，利恩在阳光下玩耍的时间越来越长。

1943年的一个春日，利恩与小玛丽安娜来到后院，小玛丽安娜现在能相当稳定地站着了。她们在玩一个追和跑的游戏，利恩是那个追逐者。利恩离逃跑的小玛丽安娜越近，小玛丽安娜的步子就越忙乱，直到最终她们因担忧而停了下来，咯咯地笑着，非常开心。利恩摇摇晃晃地把她抱到了被追者的位置，让小玛丽安娜跑起来，自己则再次追她。姨妈在大门敞开的厨房里做饭，切洋葱，接着在大平底锅里把洋葱炒得哗哗作响。这时门铃不寻常地响了，姨妈此时正忙着做菜，因此她让利恩从院子回到厨房，沿着走廊来到门前去看看是谁。在她身后，厨房里依旧散发着香气，嘈杂喧闹，灯光明亮。

利恩透过小玻璃窗看到了一个人影，然后拉开了面前的大门。门口台阶处站着两个穿警察制服的人——身材高大，气势汹汹——利恩还没来得及抬头仰望这两个警察的脸，他们就已经跨步通过她的身边，进入房子。她不知道的是，这两个人是哈里·埃弗斯和阿里·登布瑞珍。他们有力的步伐重重地砸在走廊地板上，之后利恩听到了厨房门的破碎声。

她瞬间呆在原地，感到困惑迷茫。

下一刻，姨妈来到了她的身边。

大衣的晾衣夹下，地板上放着一双旧靴子，可能是姨父的。姨妈把靴子推到利恩的怀里。

"穿上它们，去德布鲁因夫人那里，别回来。"

转眼间她就来到了街上，她的双脚在靴子里有些空荡，还差点跌倒了。现在兔管街似乎变了，或者说，它没有变，只是时间慢了下来。道路的对面就是德布鲁因夫人家，即便利恩尽可能快地跑过去，这段只有几步之遥的路依旧漫长得像一段旅途。她按下门铃，站在门口等着，只是向前盯着门把手，而没有回头看。如果她有那块妈妈希望送给她的手表，那么此时它的指针似乎就是静止不动的。

在似乎过了非常长的时间之后，德布鲁因夫人打开了门。只需一瞥，以及一句意外话语的第一个词，利恩就被拉了进来，门砰的一声关上了。她们沉默地站了一会儿。走廊尽头是一些楼梯，德布鲁因夫人凝视着它们，呆若木鸡。利恩可以看出，她非常熟悉的德布鲁因夫人不知如何是好，即使她是一个成年人，理应能掌控一切。德布鲁因夫人看起来瞬间变老了。不过，之后她就摆脱了困境，轻柔地拉着利恩的手，领她进入前面的房间，也就是雅室。

"待在这里，亲爱的。"她的嗓音里有一丝颤抖，仿佛一个老妇人发出的声音。

房门咔嗒一声关上了，门外有一阵非常迅速的动作：脚步声很快就消失了。利恩独自站在房间的中央，房间里凉爽黑暗，白窗帘几乎完全拉上了。马路的这一边处在阴影之中，另一边的 10 号则依然沐浴在阳光下——透过窗户就可以看到——利恩则站在暗处，观望着刚才从中离开的房子。一个穿制服的男人跨出前门，一只手遮在眼前以阻挡阳光，粗略地扫视着街道。利恩没有移动，奇怪的是，她没有感到害怕。很长一段时间，她就站在那里，看着男人们进进出出，不过最后利恩还是坐在了沙发上，房间里近乎一片黑暗，她研究着墙上若隐若现的照片，听着钟表的滴答声。

雅室是用来转移的地方：半年前，利恩坐在一个类似的地方，当时她第一次和赫洛马夫人来到了多德雷赫特。最终，赫洛马夫人将再次带她离开，前往另一户人家。在此之后，利恩会继续前往新的地址，遇到新的人。但她后来一直当作避难所来回顾的房子是兔管街 10 号，是扬斯·范埃斯和亨克·范埃斯的家。

第八章

　　我向来知道，在德国占领荷兰期间，我的祖父母在庇护犹太人。多年来我一直都打算对此事进行调查，但在 2014 年 12 月之前，我几乎不知道当时确实发生过的事情的细节。没有关于此事的家庭故事。对于我来说，我的脑海中只有苍白的面孔从地板向上看的模糊画面，像动画片中的情节，感觉不太真实。

　　我的祖父是在我 7 岁时逝世的。虽然祖母扬斯对我来说是一个非常重要的人物，但直到她去世，即我 20 岁出头的时候，我几乎没有和她谈过战争的事情。当我问起的时候，她就会说："我们那时不勇敢，但如果有人在你家门前现身，你是没什么选择的。"我们之间的谈话就以此结束了，过去也就这样退到了幕后，似乎消逝了，因为没有谈话来让它保持活力。

　　之后，2014 年 11 月，我的大伯克斯过世了。他是家中的长者，是我父亲尊敬爱戴的大哥。我最后一次和他接触还是通过他的孙子，所以从某些方面来看，对于我来说克斯已经是一个相当久远的人了。他的死亡激起了我心中的某些东西。一代人及其故事正在消失。如果我打算在这些人和他们的回忆永久消失之前做些事情，那就必须是现在。

　　没有一个明确的下决定时间，不过，当我在某个周日晚上洗碗时，我问了一个最终改变了我生活的问题。我的母亲过来吃晚饭，通常周日父亲不在时她都会过来。我把食物从盘子拨到保鲜盒里，喝着茶，然后问起了利恩的事情。

利恩。我从童年起就记得这个名字：一个犹太女孩，战争期间一直和我的祖父母住在一起。战争结束后，她继续与他们一同生活。但我不记得自己见过她，脑中只是隐隐约约地记得遥远的过去发生过一次争论，还有多年前我祖父母寄出的一封信，那封信永远斩断了联系。我的家人再也没有提起过她，不过据我所知，她还健在（与我祖母所想的正好相反），而且我的母亲还与她有联系。

"是的，利恩现在已经年过八旬了，她住在阿姆斯特丹，但我不知道她是否想见你。那不是一个美满的故事，最好还是让它那么过去吧。不管怎样，历史细节都已经被记录下来了，多年前就在史蒂文·斯皮尔伯格档案馆展现了。"

但我坚持不懈，所以我母亲就去询问了。过了一阵，我得到了一个电子邮箱地址。2014 年 12 月 7 日，我发送了这封用荷兰语写的电子邮件：

亲爱的利恩：

我是亨克·范埃斯（Henk van Es）和迪厄夫克·范埃斯（Dieuwke van Es）的儿子。多年来我一直想和你取得联系。我刚刚从母亲那里拿到了你的电子邮箱地址，听说你愿意见我，对此我非常开心。如果我们见面的话，我将会在 12 月 19 日到 22 日待在荷兰。如果你在这几天方便的话，我将非常乐意前去见你。也许我们可以共进午餐，或者去外面走走逛逛，用餐或喝个咖啡？我很想认识一个家庭成员。此外，我也很想了解你在战争期间的经历，以及战争结束后与范埃斯家族的生活。我工作的一部分就是撰写学术著作，而且我非常愿意写一些你的故事（当然，我知道这个故事不是什么简单直白的童话故事）。或许我们可以就这个主意探讨一番？如果讨论真的能出结果，我也会在未来多次前往荷兰。

至少我希望可以很快与你交谈。为我拙劣的荷兰语向你道歉（不过我说得相当不错）。

非常感谢，希望能尽快见到你。

巴尔特·范埃斯

两个小时之后，我收到了回复。

12 月 21 日星期日，上午 11 点，我把车停在了利恩在阿姆斯特丹的公寓门外，走向门口，按响了上面写着"德容"的门铃，这是我祖母的娘家姓。在此之前我在犹太人大屠杀基金会的网站上见过利恩，不过那只是一张拍摄于 20 世纪 90 年代的照片，还有她的一些基本情况，我对于这个我想要找到的人还是近乎一无所知。对讲机发出蜂鸣声，我被邀请进入，爬上楼梯来到二层，她正站在那里等待着，周围是盆栽植物和现代艺术的海报。

"让我看看你。"她站在后边说道。

我有些故作拘谨，被带着走过一条露天过道，从那里可以看到一个种着植物的庭院。

利恩告诉我："你长得更像你的母亲。"我突然被一个想法吓住了：当她最后一次见到我父亲时，我父亲的年龄应该和我现在差不多。

我们那天的见面一直持续到夜幕降临以后。最后告别时还觉得有些怪异。从一个奇特的角度来看，我觉得自己比她年长，因为我们谈论的基本上都是她孩童时的生活。而我是从利恩 9 岁前她生活中大大小小的事情中了解她的。她的某些地方还让人觉得脆弱以及经验不足。我答应她将在新的一年尽快回来。

当我返回时，荷兰的高速公路看起来前所未有地现代化：灯火通明的汽车展示厅看起来就像漂浮在黑暗中的宇宙飞船；奥迪和宝马牌的汽车在玻璃后的大架子上摆了一层又一层，它们的前灯亮着，由隐藏着的电缆供电，用来展示高科技的设计。当我行驶在路上时，道路笔直得如同一道光束，利恩早年生活的黑白照片重新浮现在我的脑海中，就像 1938 年拍摄的那张照片，上面展示了两个女孩坐在一张老旧的学校长椅上，后面站着两个男孩，他们系着领带，穿着短裤。利恩的头发上别着一个蝴蝶结，她的朋友也是。

利恩的母亲打算告诉自己女儿那个"秘密"，这个画面比那些照片更经常在我的脑海中萦绕徘徊。她父母的行为是如此沉着冷静，他们考虑的是如何尽可能减少利恩生活中的打扰，助她在未来继续前行，挽救她的生命，即使他们无法顾及自己。我可以想象他们最后的那场家庭聚会，镇定自若，姑妈姑父最后一次抱着他们的侄女。而且，我被利恩母亲写给我祖父母的那封信深深触动了：她不仅放弃了她的女儿，更重要的是，她放弃了对女儿的爱，这是一种有节制的牺牲。

后来，我接上了我的 3 个孩子。大女儿乔茜就坐在我身边。我开始给她们讲述利恩的故事，但发现自己的声音断断续续，不得不停下来。

利恩的母亲给我的祖父母写信，说她希望这个 8 岁的女孩"将只把你们当作自己的父母，当她伤心难过时，你们将会抚慰她"。战后，我的父母与身为姐姐的她一起长大。那么，在我祖母的葬礼上，为何没有人提到利恩，她也并未现身？这样一种关系是如何破裂的？我的祖母怎么能给她寄去了那封信，切断了她们之间的往来，只是冰冷地署名"范埃斯夫人"？

两周之后，我再次来到了利恩的公寓，与她谈论我祖父母在兔管街的房子被突袭后的事情。她在许多家庭之间快速转移，在一个地方待的时间往往不超过几天。她说道："与我所做的转移准确对应，每经历一次，我的哭泣就变得越来越少。"

第九章

　　一连串房间，只是短暂地停留，有时是一晚，有时是几周。它们模糊成一片，只存在于转瞬而逝的记忆中，就好像某个下午，抬头凝视着照射遮光帘边缘的阳光。利恩没有做出任何决定，几个小时以来失去了自我意识，但她并不害怕。每个地方都有新的习惯要遵守：在哪里洗漱，何时用餐，吃什么，怎么吃，以及在哪里睡觉。离开范埃斯家的第一个晚上，她和德布鲁因夫人的女儿待在一起，后者就住在离兔管街几条街之外的地方。当利恩躺在楼上卧室里的野营床上时，那里有一个大包，里面装着她的衣服和其他东西，但没有人告诉她发生了什么，以及下一步的计划是什么。利恩也没有问任何问题。有人告诉她该吃饭时，她就吃饭；有人告诉她该上床时，她就去睡觉。时间在她不知不觉中就流逝了；人们——无论是和蔼可亲的，还是紧张不满的——都融为一体了。

　　利恩不再去学校了，也很难再见到其他孩子了。一开始，她很想念姨妈、克斯、阿里和玛丽安娜，而且每次想起时就会哭泣，但很快他们的存在就在她的记忆中消失了，像其他事物一样。他们成了她视线边缘的人物，她不会再把关注转向他们。不过，赫洛马夫人仍然十分重要。大人们窃窃私语时会说她是一个关键人物，有时她甚至来到雅室接利恩，然后带她去一个新家。

有一次赫洛马夫人把利恩带到了自己家中，她和她的医生丈夫住在那里。这座房子比利恩住过的所有房子都大，即使她只是草草地从外面看见的——当时她被裹在赫洛马夫人的大衣里，就像她们初次见面时那样。利恩在诊所上面的空房间里待着，听着病人们进进出出，妈妈们推着婴儿车在人行道上聊天。

赫洛马医生一向很忙。利恩听到他的男低音——而不是他说话的内容——顺着地板低沉地响起，每过 10 分钟，赫洛马医生就会打开诊疗室的大门，让下一个病人进来。有时，她听见赫洛马医生关上诊所前门时钥匙的咔嗒声，接着他快步离开，他的车门发出沉闷的声响。努力启动的引擎的声音听起来就像一种无法发出的笑声：嘻，嘻，嘻，嘻——嘻，嘻，嘻，嘻，嘻——嘻。然后，第三次尝试发动引擎时它马上就要点着了，第四次尝试时终于启动了，但几乎立刻就减弱了，接着发出一阵强烈的啪嗒啪嗒的声音。当引擎形成自己的节奏时，汽车暂时还停在那里，之后啪嗒啪嗒的声音越来越响，汽车终于在街道上发动起来，消失在远方。

当利恩与赫洛马夫人待在一起时，赫洛马夫人则更加严厉。利恩必须静静地坐在楼上的沙发上。房子里的其他地方有许多其他人，但她从未见过他们。她面前的晾衣架上有一堆要洗的女人衣服，但那些并不是赫洛马夫人的。晚上有时会有一些动静。前门打开，然后关上，发出一丝微弱的咔嗒声，回响在这寂静之中。在黑暗中，利恩常常睡不着，躺在床上，眼前除了黑暗空无一物。

她继续从一户人家转移到另外一户人家。当她感觉睡意向她袭来时，无论是在晚上还是盯着地板的空虚午后，她的脑海中总是充满了画面，她飞越了高楼，飞去了她曾经玩耍的地方。当她可以飞翔时，她就是好利恩，她会在一个满是熟悉面孔的世界里实现一些小小的奇迹，那里的规则并不完全一样。她拯救动物和人类，向人们解释事情而不必思考要说什么。她始终都有这种飞翔的感觉，即使她的双脚踏在地面上，她也觉得似乎在空中翱翔。奇怪的波浪让她觉得摇摆不定，但她知道一切都会向好的方向发展。

还有一个坏利恩（或愤怒的利恩），她不能飞翔，似乎在一片看不见的焦油里跋涉前行。有时坏利恩根本不向前行进，只是在黏腻的流动液体里向后漂移，不管她多么努力想要前行。坏利恩和汉斯一起去他们做成的动物墓地。他们带去了已死或濒临死亡的动物，把它们放入底部深不可见的坟墓里。至于那些依然活着的动物，坏利恩帮助它们"上路"，当她紧紧地握着那些动物时，她可以感受到它们的小骨头破裂了。毫无意义的时间渐渐流逝，当她盯着虚空时，她感觉自己从一个自我转变成另一个自我——从好利恩到坏利恩（愤怒的利恩）。

最后，支配这些事情的人们做了一个决定：利恩必须离开多特。所以她站在另一个楼上的卧室里，穿好衣服，做好准备，等待着另一个人接她前往一个新的地方。门铃响了，不过利恩知道不要去应答，而是耐心地在关上的门后等着。就在她试图悄声说话时，楼梯上传来了脚步声，然后——突然地——一个熟悉、响亮的声音响起。是姨妈。利恩没有冲出去拥抱她，而是胆怯地留在原地，一条腿蜷在另一条之后，等待被人拥抱。一股熟悉的味道包裹了她，胳膊上轻柔而又沉重的力量向下挤压着她。当她被姨妈抱到红润的脸颊前时，她的双脚悬在空中，似乎漂浮起来。这是许多个星期以来第一次有人触碰她。

但没有时间问候，不管怎么说，这都不是一次重聚。姨妈将会把她放在自行车后座，带着她前往一个安全的新地方。姨妈和她说了一些话，但并没有表明兔管街的每个人都平安回家了，后来利恩坐在姨妈自行车行李架的侧座上，观望着多特街的清晨。这是个星期六，她想，或者说至少没有上学的孩子，只有一些低头行走的男人，他们步伐匆匆，走在上班的路上。一开始，姨妈似乎要前往斯特赖恩的祖父母家，因为一旦她们出城，城外就是别无二致的黑暗的、平坦的、空旷的土地，薄雾弥漫。不过姨妈骑行在寂静的堤坝路上，高于平地，驶向了相反的方向，向西南方向前行。

过了一会儿，她们骑到了旧马斯河（Oude Maas）灰色的河面边。几艘驳船漂在河上，抵抗着流向多德雷赫特的涌流，船头周围激起了白色的小浪花，船尾则留下了淡黄色的波浪。驳船上装载了非常重的货物，以至于其甲板只高于水平面 1 英尺左右，不过它们很快驶上了陆地。利恩乖乖地坐着，向外观望，而姨妈也没有改变她的骑车速度。姨妈的双腿富有节奏地上下蹬车，上上下下，仿佛那辆把利恩从海牙的家里带走的蒸汽火车。春日的阳光驱散了大地上的浓雾，土地向下延伸，一块连着一块。鸟儿们在歌唱。她们穿过了遍布高大红砖房的乡村，那里的妈妈们在面包店前排队，孩子们则在街上玩耍。姨妈继续向前骑车。在她的脑海中，利恩开始在这一情景之上神奇地翱翔。

当她们坐在一条货船上过河时，这一旅程中断了。那是一条你在书里通常能见到的渡船，烟囱里喷出可以在舌头上尝到的煤烟，还有安装着通风口的甲板，以及站在桥上身穿制服的、一个真实的船长。这几乎就像要横渡大洋，当你从船的一侧跑到另一侧时，可以感觉到引擎在下方轰隆作响；然后利恩站在船头，仿佛一个瞭望员，注视着即将靠近的海岸。船上还有两个孩子：一个是 10 岁的姐姐，一个是她 8 岁的弟弟。利恩恰好夹在两人中间，很快他们就成了尼罗河的探险者，提防来袭者，武器已准备就绪。站在河上的渡船外面，风更加强劲，大风把头发刮到脸上，有的头发甚至被吹进嘴里。经历了许多周的孤独之后，利恩沐浴在阳光之下，瞬间觉得自己活过来了。

此时，引擎的声音变了，转眼之间，当渡船撞上码头，系泊缆被抛下水面时，木头摩擦着金属，发出了嘎吱嘎吱的响声。那些门几乎在一瞬间被打开，她们骑车继续前行，再次冲向一片空旷的平原，规则的沟渠和堤坝在中间纵横交错。在与其他孩子短暂地兴奋玩耍了一会儿之后，利恩再次飘回了自己的梦境世界，几乎不知道她们会去向何方。那天温暖得如同夏天一般，她们周围的空气逐渐变得沉重，空气里还混杂着从土地里散发出的芬芳湿气。利恩非常不适地坐在自行车上，双腿悬空，对于她来说这仿佛是个漫长的旅途。不过，当姨妈最终停下来的时候，依然只是早晨。

第十章

当利恩和姨妈从自行车上下来时，她们站在了一座高高的堤坝上方，面对着比她们乘渡船横穿的河更宽的水面。这是新马斯河（Nieuwe Maas），往下游走几英里，河的另一侧就是鹿特丹。利恩不知道自己身处何处，也不知道将去向何方，但这里应该是她父母去世的地方（根据他们告诉多德雷赫特每个人的故事可知）。3 年前，1940 年 5 月 14 日，德国的轰炸机袭击了老城的核心地区，在一次突袭中就夷平了超过 25000 座房屋。这次摧毁，以及如果不投降乌得勒支也将会遭此厄运的威胁，使荷兰的战争努力付诸东流。没有空军，就无计可施。

当鹿特丹被这场火焰风暴包围时，战争对于利恩来说几乎毫无意义，当时的她只有 6 岁，即使到了现在，她也从未见过轰炸、射杀，或者身穿制服的人发出的怒火。曾经的文艺复兴之城的中心现已化为一片 1 平方英里的瓦砾，它位于地平线之外。不过，当利恩站在这条大河旁，她只能看到阳光和刚被修剪的草地。

然而，1943 年春天，抵抗运动正在鹿特丹发展壮大。这里是荷兰的工业基地，也是工会力量的所在地，现已被禁的社会民主工人党（赫洛马夫妇和范埃斯夫妇都是其成员）深深扎根于此。河流的一侧是城市地带，另一侧则遍布农场、外围建筑和小村庄，有利于抵抗运动成员躲藏。因此，鉴于此时多德雷赫特形势非常危险，利恩无法再在此停留，鹿特丹就成了犹太孩子合理的藏身之地。

利恩不记得自己到达艾瑟尔蒙德（IJsselmonde）时的时间了。从范埃斯家离开之后，她又经历了在多德雷赫特的多个家庭中辗转的时期，每次停留都非常短暂，孤单寂寞，在此之后，她就已经越来越难以和外界接触了。

利恩再次被从一个大人转给另一个大人，没有一个真正的解释，也没有一个合宜的告别。这和仅 8 个月前在普莱特街被赫洛马夫人带走时一样。然而，这次利恩被转交的对象是一个不同的人：没有有趣的街道名可以吸引她的注意力了。她再也不哭泣，因为她思念自己的父母或范埃斯家，或是在到达新家时与一群新认识的小孩成为朋友。一张自我保护之帘已经落下。利恩很少思考过去或将来了，即便是考虑现在，也被缩减到一小部分必需之事的范围内。当她后来回顾艾瑟尔蒙德时，她会看到那里是黑白的，没有色彩。她记忆中所留下的，几乎只有冰冷的石地板和微弱的自然光。

她居住的这个小木屋是一座单层建筑，外面刷着白漆，看起来像一座谷仓，被堤坝挡住一半。这个小房子里住着 10 个人：一对夫妇及其 6 个孩子，还有利恩和另一个躲藏的孩子乔（Jo）。这对夫妇都是老师，他们和范埃斯夫妇一样是社会民主工人党的党员。母亲米内克（Mieneke）让她的孩子们在餐桌上给利恩腾个位置，后来她告诉利恩后者的睡处。里屋是小女孩们和已经成年的女孩们的房间，地上铺满了床铺，以至于几乎看不见地板了。米内克告诉利恩，她应该可以在右边紧靠墙的地方挤出一处地方睡觉，之后米内克查看了利恩的包，确定她有足够穿的衣服，并给她指向夜壶所在之处。

自从利恩隐藏在这个堤坝边的小屋，无法在白天出来以后，她内心的火热就渐渐凉了下来，也很少说话了。这家人活泼、友好，对她的健康非常关心，他们回家时脸上总是红扑扑的，仿佛从另一个世界回来。利恩很少见到他们。她从卧室移动到厨房，做一些打扫工作，削土豆皮，洗碗。她还不习惯做家务活，当她削带有泥土的土豆时，削皮刀在她手中笨拙地移动，一块干净的黄色厚片被削了下来。她必须告诉自己的手指——仿佛它们是别人的手指——切得轻柔一些，不要浪费食物。米内克给了她一些指导，站在利恩身后手把手地帮助她。

用餐时米内克通常在厨房里，不过之后她就会径直离开。在其他人都离开之后，只有利恩和乔留在家中时，利恩才会感觉与乔特别亲近。乔说着，利恩听着。乔18岁，他是从德国的一个集中营逃出来的，不过他不是犹太人。他告诉利恩，他们现在不仅带走犹太人，所有在德国的非必要职业的男人都被迫去工作。如果你不满35岁，没有居留许可证的话就不能得到粮食券；如果你因没有居留许可证而被抓住的话，他们就会把你送到劳动营（Arbeitslager），那里比监狱还糟。乔把他们称作德国佬（Moffen），他说自己绝对不会再为那些人工作，如果事情发展顺利，他会找到解决办法的。

乔体格高大，仿佛一个被禁锢在房顶椽条下的巨人，他几乎可以直直地看向房顶下四扇有些莫名熟悉的方形小窗，窗里漏进了一缕阳光。乔不需要窗户就能看见外面的世界。他和这家人一同欢笑，询问他们做了什么，观看耕作，与女孩们调笑，还记得她们的名字。

在艾瑟尔蒙德停留的时间从几周变成几个月——方窗透过的日光越来越明亮，接着，7 月过去，8 月到来，到了 9 月，阳光又逐渐减弱。利恩在日复一日之中失去了对时间的感知。这个即使在盛夏也毫不变暖的房子，火炉没有被点着的时候就更加寒冷了。她的腿上有一些发痒的地方。刚开始抓挠时利恩并没有怎么注意到它们，但随着时间流逝，越来越多的紫色硬肿块浮现，破裂后就开始出血，在她的腿上留下了黑痂。她想要隐藏它们，但它们以一种巨大的变化凸显出来。当她拉起袜子试图遮掩时，它们就会火辣辣地疼，所以她只能露着肿胀发紫的腿，颤巍巍地走动，当她走路时，她可以感受到其他女孩的目光。

到了晚上，利恩和其他女孩睡在拥挤的房间里，大大小小的女孩们在黑暗中挤来挤去，空气因她们的呼吸而变得浑浊。利恩紧紧地用被子裹着自己，周围是其他女孩身体的气味。冰凉的房间中弥漫着女孩们的热气，利恩的腿却让她难以入眠。早上，当整个房间苏醒过来，她站了起来。此时也没有比晚上明亮多少。在内心深处，她感到了一种麻木，这让她与所有事保持着距离，也不再有恐惧的感觉。

1943 年末的一个晚上，又一个危急时刻来临了，敲门声再次传来。当时利恩正在厨房里洗碗，随后被告知马上藏起来。过了一会儿，利恩从卧室里听到了紧张不安的说话声，然后米内克进来了，告诉乔和利恩，警察正在路上，他们必须立刻逃跑。

奇怪的是，鞋子在这种时刻非常重要。当警察们来到兔管街时，她必须穿着立在门口的肥大鞋子，而现在，她双脚肿胀，无法穿进任何鞋里。

利恩感觉自己几乎很镇定，但一股强烈的感情席卷了家里的其他人，她还没有反应过来，夜晚冰冷的空气和黑暗就笼罩了她。乔把她粗鲁地扛在肩上，一条胳膊抱住了她疼痛的双腿。他知道要去哪里，沿谷仓和外围建筑蜷缩着跑动。两人猛地摔在了地上，当他们躲在一条沟渠里的时候，一股潮湿的感觉涌来，周围还有荆棘的刮擦。乔的胸口贴着利恩，静静地起伏着。

他们身边响起了不知哪里传来的声音，还有狗吠声。离他们不远处还有路上的灯光。灯光和说话声越来越近，在距他们很近的地方停了下来，然后渐渐开始远去了。乔没有做出任何提醒就再次紧紧地抓住了利恩的双腿，以一半的速度穿过荆棘向前走。虽然应该会很疼，但当利恩使劲地抓住乔的大衣时，她只感觉到了兴奋。乔猛地从左边看向右边，第二次跑了起来，这次他是顺着堤坝的斜坡向上跑。他的双脚在堤坝上滑了一下，但他以惊人的力气稳住了重心，直到两人跑到了路上，风向他们袭来，利恩则在黑暗中看到了下面那条大河的微光。接着，两人再次滑倒，草在两人的重量下陷了下去，泥土露出。在斜坡上，他们依旧是面朝湿土倒下的。一瞬间，利恩想起了她以前在多德雷赫特和克斯经常去捉蝌蚪的那个岸边，当她顺着斜坡向阴暗的水塘滑下时，她感到了恐惧。

乔低声鼓励道："事情发展得还不错。"休息了一会儿后，乔让利恩趴在自己的背上。这样的话两人就可以尽可能快地沿着陡峭湿滑的地面前行了。此时正是宵禁时间，所以从他们上方小路上偶尔传来的动静肯定来自警察。当乔跑的时候，他不得不使利恩的手指放松下来，因为她非常想要抱住乔，以至于紧紧地钳住了乔的喉咙。过了一会儿，乔转过身悄悄地告诉她：他们马上就要到村庄了，所以要回到堤坝上，然后进入房屋里。他们绝对不能发出任何声响。

现在，她的眼睛已经适应黑暗了，在月光的照耀下她可以看见更多的事物。不过此时此刻，她在黑暗中只能辨认出乔那宽阔而又毛发稀疏的脸庞。只有这个和斜坡的角度。她完全信任乔。他向来乐于助人。

到达村庄边缘后，他们继续向堤坝顶部行进，乔则更加疯狂地左右环顾。一切都变得清晰，他们冲到路上，乔紧紧地抓住她的双腿，这让利恩再次注意到它们有多疼。然而，在快速奔跑的兴奋之中，利恩只感受到了一种奇怪的、清醒的和开心的警觉，使她比以往更加敏锐地观察和聆听一切。当他们在建筑物之间前行时，她注意到刮擦和碰撞的感觉——她的膝盖撞在墙上时，肌肤被蹭到；一根不知道从什么地方伸出来的小树枝打到了她的眼睛。不过，这些伤并没有给她带来直接的痛感。它们仿佛发生在别人的身上。

他们现在就在大街上，当利恩抬头向上看时，她看见了浅灰色天空下房子前面的轮廓。乔背着她跑的时候，那些房子就渐渐消失在他们身后。一座房子的房顶是方形的，边缘则是弧形的。另一座房子就像两架梯子汇集在一处，中间顶部则矗立着一座塔楼。接着，在街道的尽头，她看见了一个广场，广场的另一边则是教堂的尖顶。此外，远处黑暗的另一头，有两束灯光正在晃动。

灯光意味着危险，当乔注意到灯光时，他绕过一堵矮墙，走进了一座花园，他们在那里的一个小屋旁停留了很久。

除了夜里的动静外，他们没有听到任何声音。

最终，他们大胆地再次出发，回到墙外，然后离开了一条铺着鹅卵石的街道，街上都是低矮的建筑物。乔被一块鹅卵石绊倒，那块鹅卵石在诸多石头上跳来跳去。他们在绝对寂静中伫立了一会儿，利恩看见乔的呼吸中散发的水汽。

接着，事情就像开始那样迅速地结束了。乔敲了一座房子的门，在焦虑不安之中等待了片刻。门开了。他们快速地低声交谈了几句，接着他俩就匆匆地进去了。

之后他们前往的地方令人感觉混乱不清。周围黑暗又狭窄。一个利恩勉强能看清的男人首先领着他们上楼，然后下楼，穿过一条走廊，之后又爬上一个梯子。铰链嘎吱作响，地板上铺着一块沉重的地毯。他们一路兜兜绕绕，顺着一条狭窄的通道来到了一个橱柜。把这个橱柜往前挪动，它就成了通往一个房间的入口。

这是利恩待过的最肮脏的地方。宽阔的中心区域让她想起了一个小酒馆，虽然她从未去过小酒馆，而且小酒馆也肯定不是像这样的。墙边放着几把椅子和几张沙发，她可以看见人们走来走去。在中间，五六个男人坐在一张桌子旁，围着一盏油灯打牌。当他们进来的时候，一些人的目光转向了他们。她现在下来自己走，赤裸的双脚走在铺着地毯的地板上时沾上了油渍。这个地方的气味差得让她难以置信。她怀疑没有足够的空气来呼吸。不过利恩心中还是没有丝毫恐惧，与一切保持着距离，夜里长途奔波中增强的意识和警觉开始渐渐消退。给他们引路的男人并没有进入这间屋子，而是关上了他们身后的橱柜。乔现在是唯一的领头人了，利恩耐心地等待着被告知要做什么。

即使是和乔在一起，利恩也没有很强的连带感。当他走向桌边打牌的男人们并与他们交谈时，她依然盯着中间的地方，十分介意房间里她身边的灰尘，以及在墙边沙发和椅子上时不时调整姿势的人们。

她的一个想法是"我不应该在这里"，但这不是叛逆的呼喊，只是不断在她脑中徘徊的观察判断。

过了一会儿，乔走回来告诉利恩，她可以睡在楼上，那里有床铺。他蹲下来，紧张地把手放在利恩的肩上，这样利恩就可以感受到它的重量和温暖。当他背着她逃跑时，两个人一直贴在一起，但现在他第一次充满感情地伸出手来，有些踌躇不决，似乎害怕伤害她。他稍显尴尬地嘟囔着，告诉她应该在隔壁房间的两个水桶里"做自己的事"。利恩听完后点了点头。过了一阵，当她站在水桶旁边时，她赤裸的双脚踏在发黄且湿漉漉的瓷砖上，差点被恶臭熏得作呕。

之后，她跟着乔爬上一个梯子，来到了一个所有床位都被占据的卧室。乔让她去最左边靠后的一个位置。当她提起被子钻进被窝的时候，她觉得被子很潮湿。一位睡在最靠墙边位置的老妇人短暂地朝她眨眨眼，嘴巴发干，喃喃自语，然后把脸转向另一侧继续睡觉。利恩从未与人睡过一张床，当她和衣躺在这群人的旁边时，其他人把她推到床铺中间的感觉非常奇异。她一只手抓着冰凉的金属床架，尽可能面向房间内部，直直地躺在床上。她可以听到下方乔的声音，他已经加入了打牌的行列，告诉那些人突袭的事情和他们的冒险之旅。现在肯定是午夜后很久了，利恩不知道她所处的地方是什么样的。当她躺在那里时，睡意渐渐向她袭来。她闭上眼睛的时候，感觉整个房间都在摇晃；当她听到乔在讲述他们的故事时，她再次看见了趴在乔背后的自己，当时她仰视着房屋正面的轮廓，在月光穿过的云下房子显得黑漆漆的。她放松了握着床架的手，一只脚在毯子下面伸向老妇人，当她的脚碰到对方时，她本能地缩了回来。这里的一切对她来说相当陌生，除了双腿上规律性的阵痛。

艾瑟尔蒙德那个肮脏黑暗的房子只是利恩待了几天的家。当她离开的时候，乔则动身前往其他方向。

第十一章

在我们几乎毫无察觉的时候，下午就已经过去了，而当我们谈到艾瑟尔蒙德的藏身处的时候，已经是晚上6点半了。虽然这些事情本身会给人带来创伤，但重新组织这些事的过程则有积极的一面。长期以来，利恩一直和一个心理咨询师解决她的过去经历，当我坐在那里聆听时，我发现自己对实际操作很感兴趣，因此情感退到了次要的位置。只有当我回想起来，我才会对发生过的事情感到困扰。

利恩本人则几乎欣喜若狂。"我不敢相信自己可以就这件事谈这么久。"她说着，站起来开始收拾桌子上的茶具。直到现在，她才提到了自己可能有一封来自乔的信。我告诉她我非常乐意看这封信，几分钟之后，利恩从隔壁的房间里走回来，手上拿着一张单薄的A4横格纸，那张纸被叠成了原来的六分之一大小。随信附上的照片则已经遗失，利恩曾经保留了很长时间。

回牛津过圣诞节的时候，我拿来了一个数字式录音机，在采访时配合我的笔记使用。这个录音机正在运转，所以当我写下笔记的时候，它录下了我们对话里的每一个词，之后我可以重放录音。

利恩打开了那封信，首先指向顶部她的笔迹。写下这些干净、整洁的印刷体单词时利恩 12 岁：

> 利恩必须保存的一封信
>
> 来自乔

当她大声读出来的时候，利恩因给后代的这个坚决的指示而大笑不已。她继续读着，偶尔因为试图弄清乔的措辞和拼写错误而停下来。这封信的日期是 1946 年 3 月 4 日，来自新加坡：

> 亲爱的利恩：
>
> 我们已经很久没有收到对方的消息了。大约两年前，我不得不意外离开，我没再见过你，我们之间也没有书信往来。当我听米内克说你身体状况很好，住在多德雷赫特的时候，我觉得现在是时候给利恩写信了。利恩，这段时间发生了多少事情！亲爱的利恩，我一直惦记着你。不是我在阿默斯福特（Amersfoort）的时候，也不是我在德国或现在所处的地方，而是我在远离荷兰的地方。利恩，如果你有自己的照片的话，你一定要寄一张给我。我会在这封信里附上几张我的照片。利恩，我要问你几个问题。你过得好吗？你现在还在上学吗，你所在的是怎样的班级？利恩，如果我能为你做什么事的话，你一定要写信告诉我。如果我能做到的话，我就会尽一切所能来帮你。你将会从米内克那里听说……

当利恩第二次念到米内克的名字时，她停了下来。

"我不知道米内克是谁。或许是艾瑟尔蒙德的那个女人？我觉得应该是艾瑟尔蒙德的那个女人，但我不确定。"

事情正渐渐地变得明确。利恩接着朗读：

你将会从米内克那里听说我正在海军陆战队服役，一切顺利。我在英国待了三个星期，在美国停留了六个月，前两个月我在马六甲，此时此刻正在"新阿姆斯特丹"号上。这艘船正停在新加坡的海港里，你可以在地图集上找到这个地方。现在我们随时都有可能前往爪哇岛。利恩，我不知道应该告诉你什么新的消息。将我最诚挚的祝福送给我们所有的老友，以及你的养父母。如果你给米内克写信的话，请替我传达我的祝福。利恩，向你献上我最衷心的祝愿。来自从未忘记你的朋友乔·克莱恩。

另，亲爱的利恩，我不知道你准确的地址。我会在给米内克的信里装入这封信。我希望米内克可以很快把这封信转交给你，希望你可以尽快给我回信。再一次，献上我最美好的祝愿。你的朋友乔。

在这封信的底部，他以英文方体字写下了自己的军队身份证号：

海军陆战队下士，J. W. L. 克莱恩。NL 4502759。

"他在底部写下了自己的地址。"利恩的嗓音里满是欣喜的怀旧感。

我问道："你还记得自己回信了吗，信里写了什么？"

一瞬之间，谈话的氛围就变了。利恩的回复经过了深思熟虑，但没有任何深切的后悔。

"我从来没有……我从来没有做任何事，"她说道，"我从没有写过，我从没有……我从没有询问任何事。我从没有保持联系。没有。"

她叹了一口气。

"嗯……"

她停了一下。

"至于其他的事情，你从未听说过他的消息？"

"没有，没有。自那之后就没有了，不是吗？"

"是的。"

"你知道的……那时我的人生阶段发生了重大的变化。我们的联系断了。"

我们沉默了许久。后来录音机录下了我拍摄乔寄来的信的相机咔嚓声。

"他用下划线强调的词句非常美好。"我说道，此时我开始第一次自己阅读这封信。

"乔·克莱恩，"她微笑着说道，还沉浸在回忆中，"我确实有一封我妈妈朋友写的信，不过那……我不知道你是否想看？"

"我想了解所有事。我的意思是，如果方便的话……"

此时利恩笑得开怀了。"你想了解所有事！"她大笑起来。

找了一会儿之后，她拿来了埃莉姨妈在 1942 年 9 月，即利恩的生日时给她寄来的一封信。

"埃莉姨妈——我没有她的照片。我能大声地读出来吗？"

利恩为我朗读了这封之前被我们忽略的信——内容有关埃

莉姨妈想要前来拜访，以及利恩那时和一群新的姨妈姨父的生活过得如何——之后，她陷入沉思，艾瑟尔蒙德的抵抗分子藏身处的更多细节逐渐浮现出来。不过利恩还是不记得从那里离开以后的旅途。

"我相信是和图克在一起，"她说道，"但我不知道。"她的重点放在了"相信"这个词上，表明这是信仰之言而非来自记忆。因此，从海牙到多德雷赫特的旅途依旧历历在目，而近一年半之后的这趟旅程却几乎是一片空白。

我再次想起了当我们第一次谈起利恩在战时的回忆时她所说的话。没有家庭，就没有故事。身处黑暗之中长达数月，即使和其他人共处一地，利恩也没有真正地看过他们，因为他们之间并无交集。独自一人久了，利恩也就不再观看这个世界了。

"存在就是存在，"她告诉我，"在哪里，如何，还有和谁，这些都不确定。不挂念过去或未来，这带来了一个新的视角。'牵绊'（利恩用的是英语）……牵绊的热度很低，如果那对你来说有意义的话。我相信，当我说这种话的时候，我是对的。你理解吗？"

"热度很低"这一隐喻深深地触动了我，我将会在描述利恩这一阶段的生活时多次用到这个词。当我听她描述自己在艾瑟尔蒙德以及后来的感触时，我开始更好地理解她了。我从未有过如此强烈的感受：一个人如何由其生活塑造而成。

第十二章

接下来的几天，我横穿荷兰旅行，访问多个档案馆以及利恩青少年时期居住的其他地方。在战争、大屠杀和种族灭绝研究所（NIOD），勤勉好学的科研人员和博士生在庭院花园的昏暗灯光下低语，我手里攥着一张索引卡，上面记录着我祖父在菲赫特的监禁。他是在利恩记忆里的那次突袭后被送到那里的。这是一张无害的黄纸，顶部歪歪扭扭地印着祖父的名字（祖父的名字和生日都与我的父亲相同）。

菲赫特是党卫队在荷兰建立的唯一一座集中营，1943 年，依靠菲赫特的囚犯的强制劳动建造而成。壕沟和带刺铁丝网围栏后竖立着囚犯架，用于任意处决犯人，至少 500 人在这里丧生。其他囚犯在他们的牢房里挤得严严实实的，最后单纯因窒息而死。还有狗对囚犯进行持续不断的攻击，以及内嵌长钉子的木鞋割破了囚犯们的脚。集中营也用来转移 1000 多名犹太孩子。我的手指间夹着黄色的索引卡，不禁思索，祖父是否看到了他们，他是否想起了利恩。

战争、大屠杀和种族灭绝研究所的其他文件也与利恩的故事有关，比如 1941 年一个多德雷赫特医生寄出的一封印刷书信。在信中，卡恩医生（Dr Cahen）向他的病人们解释，他在近 30 年前艰难取得的医学文凭现在无效了，他不得不让这些病人投靠另一个非犹太人的执业医生。他推荐的人选是扬·赫洛马，即图克的丈夫，卡恩医生称赫洛马拥有"金色之心"。他解释道，如果他们去找赫洛马看病，那么扬·赫洛马就会把一切收入交回卡恩医生手上，这样就可以帮助后者度过这段艰难的时光。这封信告诉我们，病人们可能已经知道赫洛马医生了，他拥有一颗金色之心。一年前，德国人首次前来多德雷赫特，在保卫多德雷赫特之战中，赫洛马因照料战火中的伤员而成了英雄，声名大噪。

最后，档案馆中还有利恩父母命运的确认书，利恩当然已经知道了。一份简短的警察报告记录道，1942 年 10 月 9 日晚上 10 点，他们遭到逮捕。他们的抓捕由简洁的速记写下来，这与一起轻微的自行车相撞事故相比相形见绌。自行车事故在同一页面上占据了大半篇幅。令人吃惊的是，采访治安消息的记者不辞辛劳地前往医院，检查骑自行车受伤的人的状况，他还记录了不怎么受到关注的一对犹太人夫妇被抓捕和驱逐的事情。

离开了他们的登记地址后，查尔斯和凯瑟琳前去莱顿（Leiden）藏身，他们在那里似乎遭到了背叛。我想象着他们——查尔斯 35 岁，凯瑟琳只有 28 岁——手牵着手，面对着逮捕者，领头人是一个荷兰警察，名叫乌尔里克·科恩拉德·霍夫曼（Ulrich Koenrad Hoffman），他的年龄和查尔斯相同。

科恩拉德·霍夫曼在某些方面与多德雷赫特警察哈里·埃弗斯截然不同。霍夫曼是一个忠诚的国家社会主义运动成员，在 1949 年面对审讯时，他没有做出任何否认。从对他起诉的归档文件可知，他是一个体弱多病、紧张不安的法西斯分子，总是忙着做一些琐碎小事，比如向上级报告发表反德言论的学校老师。霍夫曼把寄给他的匿名信收集起来，转寄给警察局局长，要求后者采取行动，信上写着"臭霍夫曼，盖世太保"。他的信件上方总是标着剑和纳粹万字符的标志，还签着荷兰法西斯的致敬语"HOUSEE"。由于容易产生焦虑，他对一些无效的措施过分关心，比如在牢房里安装窃听设施。但他在履行自己的职责时非常严谨细心，其中包括"清空"住着 150 个男孩和女孩的犹太孤儿院。在战后审判下了判决之后，他抱怨自己的 5 年零 3 个月的刑期"非常苛刻"。他告诉法官，作为一个被赋予了权力的官员，他在"法律意义上没有"罪过。霍夫曼在法庭上表示，回顾过去，他对于自己的行为确实有一些道德上的顾虑，但那些都是"非常次要的"。

利恩的母亲凯瑟琳是在被霍夫曼逮捕整一个月后，在奥斯维辛被杀害的。她死去时身边的人是自己的母亲，这对于利恩来说也算是一定程度的安慰。查尔斯在几个月后被杀害，即 1943 年 2 月 6 日。

2015 年 1 月 7 日，在图书馆和档案馆调查了几天之后，我踏上了前往艾瑟尔蒙德的道路，这里就是利恩与米内克及其家庭藏身约 8 个月的地方。我去往那里，是希望能够找到她停留的那个房子，也希望重新追寻她和乔·克莱恩在突袭之后离开那里，前往抵抗分子藏身处的路线。

艾瑟尔蒙德与鹿特丹之间的路途曾经十分遥远，但现在它与鹿特丹及其巨大的港口之间由一些高速公路和火车线路连接起来，这些道路一直延伸至马斯河直至入海口处。自战争以来，难以想象的发展规模已经吞没了这个小村子。到 1962 年，位于其西部的欧罗波特港（Europort）成为世界上最大的港口，这一地位一直持续到 2004 年。迄今为止，这里依然是欧洲最大的港口，是第二大港口规模的两倍多，每年为欧盟的每个成员国运送约 1 吨物料。

过去的几天我和姨妈姨父住在一起，我向他们借了一辆标致 108 小型汽车。到了下午 3 点左右，我开车来到了威尔哈文（Waalhaven），为道路左边延伸的宽阔码头、储藏库和加工厂而震惊。一连串的集装箱和油箱排列的长度长达 20 英里。我经过了一连串炼油厂，每个都有一条金属管道，可以瞥见彼此之间船上晦暗的铁壁。这里的集装箱连绵不断地陈列于我周围的卡车上，鹿特丹的港口就像某种巨口一般喂养着欧洲大陆。

对于不熟悉这条路的人来说，通往艾瑟尔蒙德的路途需要注意力高度集中，因为这条高速公路想把你引领向前，或者前往码头，或者通向卡车可以分配其负载的遥远城市。我被许多火车包围着，艰难地驶向正确的出口，它引领我穿过螺旋形环岛，前往旧村庄。这个小村庄现在位于混凝土立交桥的阴影之下，立交桥上有 12 条车道，连接着一座双拱桥。不过，令人感到惊奇的是，这座小村庄本身并未受到太多影响，它依旧宁静。村庄里有许多漂亮的山形墙房屋，一些房屋上写着年份，如"1889""1905""1929"等。下午 3 点半，我把标致小汽车停在旧中心地带郊外的停车场里，那时太阳已经快要落下地平线，西边的桥梁和立交桥占据了地平线以上的主要位置。

利恩几乎不记得她藏身的艾瑟尔蒙德的那个房子的外观了。虽然她在那里住了半年多，但她只见过房子的外面一次，即她来到的那一天。她确切知道的是那个房子位于村庄的郊外，很像农场，建在堤坝对面。

从停车场走出，我顺着桥梁爬到了新马斯河上方，那里的贸易往来十分频繁。大型平板驳船在河中穿梭，上面载着煤炭和铁矿石。300码外河流的对岸有4座和谐的办公大楼，每座都是表面光滑的三角形玻璃大楼，仿佛蛋糕的一角。

为了寻找可能符合利恩描述的那座房子，我沿着堤坝顶部前往立交桥，很快，嘶嘶作响的混凝土立交桥就高高地悬在我的头顶上方，就像教堂里的天花板一样。四面延伸的粗壮支柱每天承载25万辆汽车。如果是在其他国家，这样的地方很可能看起来颇具威胁，但这里的一切都十分干净，维护得很好。这里有一组资源回收桶，在远方的立交桥下，我还能看到一个遛狗的人。接着一个骑自行车的女孩经过了我的身边，身穿一件亮蓝色戈尔特斯（Gore-tex）透气防水夹克，查看着手机。工业化扩张几乎没有波及这里的乡村生活。

在约两个小时的时间里，我扫视着周边环境，穿过的大多是毗邻老房子、战后发展起来的房屋，不过有时还能找到小块的乡下土地。面朝夕阳，我正是在这些房屋中找到了一座符合利恩记忆的房子：一座白色的单层房屋，矗立于东部边界以外一点的地方。房子的一端有一个谷仓门，上面嵌有四个小方窗，内部现在被改成了阁楼。荆棘和灌木组成的树篱在路边遮住了房子，而且它正建于堤坝对面。

这与我设想中的农舍完全符合，而且，随着夜幕在我身边逐渐降临，我可以想象利恩和乔爬上了我现在站立的这个陡坡。透过灌木丛，我窥见了黑色的窗户，还拍了一些照片。接着我再次向上朝河流方向移动，从上方俯视房屋的瓦片。我可以看到利恩和乔从这里转向中间，沿着河边的堤坝边缘移动，接着再次返回，朝内陆跑去。我越来越确定，于是在心中开始勾勒一条可能的路径。

不过 20 分钟后，在村子的南边，我看到了一座靠着另一个低矮堤坝的房子，它可能同样符合利恩记忆中那个房子的特点。这座房子也是单层的，四周也环绕着篱笆。我又拍了一组照片，这次的近景中街灯散发着微弱的灯光，我想象中的信念开始消退。

我是在与谁的记忆联系？利恩的还是我的？

一年后，如果我向利恩展示我对于她从艾瑟尔蒙德逃跑的记述，她可能会感到很困扰，不是因为我的记叙是虚假的，而是因为这其中有许多她无法填充的空白——与她童年经历中的早先部分不同。她记得乔在黑暗中背着她；她记得堤坝；她记得在诸多房屋中穿梭；还有抵抗分子藏身处，那里非常肮脏，让她想起了小酒馆。楼上有许多铺位，她和其他人躺在其中。那里散发着恶臭。但是，那里有多大，他们走了多久到达那里，他们跑了吗？这些问题都不得而知。对于她来说，这些事情在我的描述中似乎过于生动了。而她只是一个几乎不记得发生了什么的旁观者。

"你就像事情本来发生的那样写了下来。"利恩告诉我。"我可以接受的。"她最后说道。

现在天已经完全黑下来了，我的手机也没电了，无法再拍照片。我有些沮丧，走回车里，车现在停在一片空地上。当我坐在驾驶席里计划旅程时，仪表盘上散发的红白色暖光给人一种奇异的舒心感。过了一会儿，加热器清除了窗户上凝结的水珠，汽车内部开始变得温暖。没有了手机的卫星导航，我有些担心是否能找到去姨妈姨父家的路，他们家位于荷兰中部的本讷科姆（Bennekom）。尽管如此，我还是沿斜坡往上开，并入高速公路，慢慢驶进卡车车流之中，然后朝大桥开去。交通几乎堵塞了。在抵达任意一个需要下决定的交叉口之前还有很长时间，所以我今天头一次打开了荷兰广播。

两个男人正在交谈，一个是节目主持人，另一个是嘉宾。我花了一些时间来弄清谈话的主题——法国讽刺漫画的文化。他们提到了一份总部似乎位于巴黎的杂志，叫作《沙尔利周刊》（Charlie Hebdo）。

"这是一次编辑的会议……通常漫画家们在家里工作。"

"你知道那些漫画家吗？"

"没有私人交情，不过我很了解他们的作品。"

一些重要的事情发生了。他们谈到了对于先知穆罕默德的描述以及言论自由可能导致的后果。

7点，广播里播放了新闻摘要。《沙尔利周刊》办公室里的11个人被枪杀，这家杂志有嘲弄宗教的传统，包括对伊斯兰教。一辆汽车被劫持，一个警察在街上被开枪打死（他本人就是穆斯林）。挥舞着手枪，说他们已经报仇了的行凶者依然在逃。他们身后留下了一张身份证，证明他们是与"基地"组织也门分支有关的恐怖主义分子。大批群众在欧洲各地的公共场所聚集起来。成千上万的人在沉默中站立，携带自己制作的标语牌，上面写着同样的口号：我是沙尔利。

当我开着车在红色尾灯之中缓慢向前移动时，新闻主播们讨论着局势。他们详细讨论着专家的意见，还与现场的记者们保持通话。当天晚上，更多的细节浮现出来，因此谈话变得越来越具有历史观点。到了8点半，广播中播放了对阿姆斯特丹前市长乔布·科恩（Job Cohen）的采访。他叙述了自己对于十多年前荷兰电影制作人特奥·梵高（Theo van Gogh，著名画家家庭的后代①）被谋杀一事的反应。

特奥·梵高是一部获奖电影的导演，也是支持言论自由的活动家，他重视突破一切可能的界限。他用图画式的玩笑来描述二战期间对犹太人的大屠杀，比如，他称耶稣是"拿撒勒的烂鱼"。后来，在 2004 年，他拍摄了一部名为《服从》（Submission）的电影。电影中展示了遭受家庭暴力虐待的穆斯林妇女的尸体。该电影由 VPRO 广播公司（成立时为一家基督教新教广播公司）在国家电视台上播放，三个月后，梵高在早上 9 点骑车前往办公室的时候，他在街上身中 8 枪，后被割喉。袭击者是一个极端主义分子，还误伤了 2 个旁观者，他在梵高的胸膛上用刀扎上了一则报复的信息，收信人是电影的创作者阿亚安·希尔西·阿里（Ayaan Hirsi Ali）。

广播中播放了那天晚上乔布·科恩作为市长向大众发言的一部分，这与现在的巴黎以及其他地方的言论很相似。在演讲中，他提到"该死的，我们自由的象征"，提到了"通过讨论，通过写作，还有——作为最后的手段——通过法庭，而不是通过我们的私刑"来取得进展。他的言语宽容隐忍，受到了大众的欢迎。

不过，即便是在 2004 年 11 月，他们也是理想主义的。当时还没有对科恩呼吁的有关表达自由的标准达成广泛共识。

在曾经的荷兰，即使在没有保镖的情况下，首相在早晨也能安全地骑车上班。不过到了 2002 年 5 月 6 日，皮姆·富图恩（Pim Fortuyn）遭到暗杀。他和梵高一样，也是某种极端

①　荷兰印象画派画家文森特·梵高的弟弟特奥·梵高是一位艺术品商人，也是这位电影导演的曾祖父。

主义者：荷兰左翼和极右翼的特殊结合体。富图恩是公开的同性恋者，他反对政治正确，反对移民，最重要的是反对伊斯兰教。作为地方主义运动的参选人，他在鹿特丹得到了 37.4%的支持率。在此之后，他成立了自己的政党皮姆·富图恩党（Pim Fortuyn List），在民意调查中遥遥领先。大选日前夕，当富图恩离开希尔弗瑟姆（Hilversum）的国家媒体中心时，他脑后中了 5 枪。此次事件的实施者并非圣战分子，而是一个反对农业工厂化的狂热分子，他认为富图恩对于伊斯兰教和移民等问题的观点对社会规范造成了威胁。但这个细节（就像巴黎的那个被射杀的穆斯林警察）轻易地就被遗忘了。

渐渐地，道路变得畅通起来，我跟着指示牌来到了乌得勒支。对阿姆斯特丹前市长的采访结束了，广播接下来转向了小组讨论。明天在巴黎事情将会有许多新的发展：一场对犹太超市的围攻导致更多的伤亡，这次直接针对的就是犹太人。当我在黑暗中加速行驶时，我再次为新旧时代之间的明显重叠震惊：荒谬的阴谋论、经济衰退，以及失去了信仰的温和派政治家，在许多人看来，他们似乎无关紧要且贪污腐败。我的小车超越了将货物运往欧洲各地的集装箱卡车，卡车上装载着冰箱、电视机、家具和塑胶鞋。看着这些道路的样子，我意识到旧欧洲的一切都已烟消云散，但它的鬼魂却飘荡不散。

第十三章

　　教堂里十分温暖。拱形窗户中投下了明亮的灯光，讲道台上方的圆形彩色玻璃闪烁着黄色和蓝色的光芒。她周围的人们身上散发着干净的樟脑丸气味，这些人身着节日盛装，庄严站立，一同吟诵着相同的祷辞："我们在天上的父，愿人都尊你的名为圣。愿你的国降临，愿你的旨意行在地上，如同行在天上。"

　　利恩与其他人一起诵读着主祷文。她的节奏偶尔有些快或有些慢时，就会捕捉到自己的声音，这在这个地方似乎有些少见。在这里，身边有如此之多的人陪伴着你，做着相同的动作，说着相同的话语，这种感觉着实不错。

　　她的双腿现在不痛了。虽然她的记忆正在消逝，但她仍然可以描述出医生头顶处只有一些稀疏的头发。当她在几个月前刚来到那里的时候，他弯下腰来用什么尖锐的东西轻拍着她。诊所里非常干净，墙上挂着一幅展开的人体示意图，可以看见人体内部的构造。

　　前来参观的牧师走上楼梯，来到了讲道台。他是今天早上从阿纳姆（Arnhem）骑车前来演讲的。不过首先是被指派领读经文的信徒发言："耶稣回答说，信神所差来的，这就是作神的工……"

　　他的声音低沉，言语中带着诗歌的节奏感。

"……黑夜将到，就没有人能作工了……"

他们现在在学校里作诗，包括用心学习的圣诗。

"……他吐唾沫在地上，用唾沫和泥抹在瞎子的眼睛上……"

他们会像上周日那样再次捣碎土豆吗？她不喜欢吃土豆，嚼起来就像肥皂。

"……犹太人不信他从前是瞎眼，后来能看见……"

现在，朗读已经结束，牧师从讲道台上俯视人们，利恩的关注点聚焦在牧师的沉默和他严肃的脸庞上。在她身边，范拉尔（van Laar）夫人换了姿势，头抬得更高，双手紧紧地攥在一起，关注着接下来的事情。

"耶稣吐唾沫，"牧师说道，"他吐唾沫在干燥的地上，然后用那土地做成了泥，把泥抹在瞎子的眼睛上……"

他令你思考此事，而她则可以感觉身临其境。沙漠上的尘土，身穿粗糙斗篷的人群，还有炙热的太阳的白色圆环。她喜欢布道中的这些想象场景。这与她在晚饭后给家人阅读的《圣经》内容一样。她喜欢团聚的感觉，还有每行句子的唱诵节奏。

利恩一直是一个异想天开的人。到了晚上，白天的喜悦和沮丧就会回到她的身边，当她躺在洗得硬邦邦的被单上时，这些情感就会在她的想象中变得奇异。在学校里，她不能在游戏时间跑动，因为她的身体状况不好，需要休息。当她在幻想时，利恩就不耐烦地把这个规则踢到一边，渴望行动，但她仍然在那里漂浮着，无法追上。当她就寝时，她就会做自己擅长的算术题和拼写测试，还试图与学校里坐她旁边的女孩取得联系，但并无结果。

接着，梦境中可怕的那部分就到来了。她能感受到它的发生，却无力阻止。她走下有着高高的天花板的走廊，穿过嘈杂吵闹的孩子们，每走一步，冲动就变得愈发强烈。她想撒尿。最终，当她安全抵达小隔间时，她释放了自己。有一股温暖的湿润感，刚开始时还令人愉悦，但后来就凉了下来。

她大声叫喊，十分困倦。

周围完全漆黑，当她双眼紧闭、迷迷糊糊地从床上离开时，突然变亮了。

她身边一片喧闹。床单被从四角抽出来，然后扎成捆扔在地板上。利恩抬起胳膊，睡衣被撩了起来，松垮垮地挂在身上。她在帐篷里待了一会儿，紧接着就在水池闻到了肥皂的气味，还碰到了一块潮湿冰冷的法兰绒。她完全醒了过来，在灯光下赤裸地站着。虽然范拉尔夫人很有能力，没有说任何责备她的话，但她还是感到痛苦和难堪。没有责备，但也没有安慰的话语或温柔的抚摸。

十分钟后，她再次进入绝对黑暗中干净的床铺上，现在她害怕睡去了。

在利恩相册的一张相片上，她与范拉尔一家站在他们的花园里，周围是用喷成白色的石头划分出来的冬天的花坛。他们身后的房子是一座崭新、引人注目的半独立式房屋，位于阿尔格梅尔（Algemeer）31 号。它处于本讷科姆的边缘、一个在荷兰中心的小村庄，房屋外面有一片土地，再往外是一片树林。照片里的这次聚会格外正式：五个人都以相同的姿势站立着，双臂垂在两边，仿佛要应对检查（我不认识站在利恩身后的那个人）。左边是范拉尔先生和他的儿子亚普（Jaap），系着领带，头发修剪得很短，穿着闪闪发亮的鞋子，看起来一尘不染。照片中间的是范拉尔夫人，从她的打扮来看，她是这些人中的领导，领子高高立起，身穿扣子扣得一丝不苟的西装外套，脸上露出坚毅自信的笑容。这个家庭里的所有人都面朝相机，只有利恩目光向下，站得有些靠外。对于当时的天气来说，她的短袖裙子似乎太过单薄，还被一阵风吹了起来，然而照片中的其他人似乎都没有察觉。

图 23

照片中的范拉尔一家精心打扮，前往的是半英里以外、坐落在小村庄中心的归正教会（Hervormde Kerk）。这是一座结实的红砖建筑，始建于 11 世纪，还有一座方塔和接近地面的短小明亮窗户。墙上的雕塑和壁画很早以前就剥落了，现在则反射着对听众的朴素布道。他们的教派是起源于多特宗教会议的加尔文宗。巴鲁赫·斯宾诺莎曾经被光辉地埋葬在这座宏伟的国家机构里，后来他的墓地因不缴纳费用而被拆除。从世俗和实用角度，归正教会在赋予荷兰人国民性的方面扮演了重要作用：直接、关心家事，以及决心给外部世界呈现一个受人尊敬的形象。

除了一些引人注目的例外，归正教会并没有在援助其犹太邻居方面采取迅速的行动。虽然教堂的长者们当然不认可德国对荷兰的占领，并对奥兰治家族保持忠诚，但他们也不甚喜爱哗众取宠、激进的活动和小题大做。法律和秩序是他们公民价值观的中流砥柱，而他们的信仰与对纳粹计划的抵抗格格不入。

回到 1942 年 7 月，那时有一个发布明确态度的声明的计划，声明表示不同意所有基督教教堂对犹太人的大规模驱逐。一份得到所有天主教教徒同意的共同文本甚至都已经准备好了。结果，在最后时刻，归正教会的长者们退却了，因为他们被下面这个承诺说服了：如果不在公共场合表示反对，皈依新教信仰的犹太人就会被放过。教会没有对驱逐犹太人一事表达义愤，而是发表了一份描述"苦涩审判"的公告，这个审判是上帝为公开反对皈依基督教真理的"希伯来民族"而设置的。

这里面临着一个真正的选择。当天主教教徒继续行动，宣布原始的反对声明时，结果其教堂会众里的 200 多个犹太人被逮捕，并被直接送到集中营。在这些人之中，哲学家修女埃迪特·施泰因（Edith Stein）迎来了自己的死期。面对着此种行动，天主教大主教选择坚持自己的立场，后来向抵抗事业转赠了几千荷兰盾的募款。对比之下，归正教会依旧拒绝表达反对意见。

回顾过去，1942 年 7 月归正教会的退却代表了荷兰历史上一个决定性的时刻。掌控了这个国家的荷兰总督赛斯 - 英夸特（Seyss-Inquart）过去就非常担心教会反对的前景，因为在被占领的挪威，路德宗教徒的抗议在非常大的程度上刺激了抵抗运动的发展。如果发布了一份集体声明，那么更多的荷兰家庭很有可能会庇护荷兰本国国民，他们可能会破坏通往波兰的铁路，他们还可能会在警察逮捕和拘禁犹太人方面更不配合。归正教会的伟大历史学家 H. C. 图瓦（H. C. Touw）在宗教大会的裁决上不吝言辞。他认为，他们的行为"非常令人不齿"，而且"毫无道德原则"。"被冷水灼伤的担忧"还存在着。总之，"我们必须谈及巨大的集体犯罪"。

那时，利恩在 1943 年末被带到了本讷科姆的小村庄，归正教会也发生了改变，现在它转向支持积极的抵抗势力，并告诉其成员去保护他们本国的国民，即便要付出个人代价。正是这次国家图景中的转变，将利恩带到了荷兰这个更加安全的农村地带，虽然利恩本人对这个改变一无所知。

站在照片右边、身着纤薄的白色裙子的利恩已经发生了变化。在她身后的房子里，她更像一个女仆而非女儿，虽然她必

须称范拉尔夫妇为"父亲"和"母亲"。每天早上,她都必须
打扫房子,点燃厨房里烧柴火的壁炉,然后清洗和擦亮鞋子。
从学校直接回家后,她负责清扫家具,双手各拿一块抹布,这
样就不会留下手的痕迹。她还要把客厅橱柜里展示的代尔夫特
(Delft)蓝色盘子一一拿起,盘子下方的隔板需要先拂去尘土
再擦拭。对于利恩来说这项工作很难——她还不太熟练,也不
太愿意——所以花费了很长的时间。

利恩和范拉尔夫人截然不同。即使从相册的照片里也能看
出两个人之间的巨大差异。利恩看向一旁,心不在焉,身材瘦
小,一头卷发的她已然是个美人——她拥有代表着另一个世界
的深刻而又绝佳的特征。相比之下,范拉尔夫人面相直率,蓬
松且剪得很短的头发保留着孩子气的一面。她对利恩的劳动不
是很满意,令利恩非常恼火的是,当邻居问起时,范拉尔夫人
对她的劳动成果不屑一顾。当利恩坐在餐桌旁时,她无意中听
到有关她动作迟缓的议论。在她剪切和叠起配给票(她的另一
份工作)的时候,他们的评论让她手指颤抖。她躲在艾瑟尔蒙
德的时候体温一直很低,如今她的内心燃起了一团火焰,但她
勉强控制住了。利恩剪切配给票的时候,范拉尔夫人滔滔不绝
地说着周日的布道,还向她推荐了一种让窗帘保持洁白的方法。
每次她说完一句话,怒火中烧的利恩就会用牙齿咬住下嘴唇。

利恩朝楼上的卧室走去,在桌子上留下了一堆卷曲的配给
票,毫无规则地堆放着。在她的脑海中,她已经半处于她正阅
读的书里的冒险之中。那本书叫《爱国者和臣下》(*Patriots
and Liegemen*),是客厅书架上一系列书中的一本,这些有着金
色和黄色书脊的书都非常完美地排列在一起。利恩非常喜欢它
们。为臣下欢呼三声!忠于上帝和奥兰治王子!正在此刻,年

轻的毛里茨（Maurits）被放在驶向巴黎、在鹅卵石路上嘎吱作响的马车行李架上，在他下方的是畅饮红酒的苏尔特（Soult）元帅。如果苏尔特发现了这个男孩，他一定会把毛里茨的心脏挖出来的。但毛里茨很勇敢，他必须寻找躲藏于法国的计划。

利恩在闲暇时间都沉浸在大篷车、击剑，以及在月光照耀下翻过城堡围墙逃跑的世界之中。爱国者们是小说中的反派人物（所以他们并不是真正的爱国者）。他们与法国的入侵者沆瀣一气，直接听命于拿破仑本人。拿破仑皇帝将自己体弱的弟弟洛德维克（Lodewick）置于荷兰国王的宝座上，还计划对荷兰的财富、自由及教会发起进攻。与此同时，臣下们获得了英格兰的支援，他们在浓雾和夜晚的掩盖下穿过英吉利海峡，与拿破仑一决高下。他们的斗篷下隐藏着匕首、银枪和高尚的跳动之心。利恩坐在床上，半盖着被子，有时和被囚禁在高塔中的公主在一起，有时和爬上来救她的英雄在一起，他知道绳子随时都有可能断裂。

从 1943 年冬天到 1944 年春天，利恩跟着范拉尔一家的节奏工作：早晨点火、擦鞋、干厨房里的活儿，晚上大声朗读《圣经》里的内容。她从故事里和学校的优异表现中获得快乐，她总是因聪慧过人而在学校中十分突出。但与此同时，怨恨也在她的心里缓慢萌发。她讨厌规矩、批评和打扫，还有范拉尔家的儿子亚普告发她的方式，比如她在学校操场里奔跑，而身体柔弱的她是不被准许这样做的。在她看来，范拉尔一家只注重外表，而她自己在内心深处活得非常充满激情。

大地渐暖，不过在乡村里越来越难寻找食物，因此利恩被指派了一项新的任务——"从农场带回"。"带回"其实是指"乞讨",而这个美丽纤弱的小姑娘把这个任务完成得非常精彩。她沿着树篱旁的一些小路,穿过树林和荒地,来到农家院,站在谷仓前一扇敞开的门前。她必须问道:"你们有可以给圣母的鸡蛋或牛奶吗?"她几乎每次都能带回来一些东西,比如用棕色纸包裹着的培根、一堆大葱,或者一角薄薄的黄色奶酪。

通过这种方式,利恩穿梭了海尔德兰省(Gelderland)的土地,手里提着一个篮子,仿佛童话中的人物。这里与荷兰西部的地理形态、运河、风车和白杨树截然不同。桦树的树根紧紧地抓住低洼处和山脊,它们树枝下斑驳的地面铺满了长着深色小叶子的蓝莓树丛。树林的小块土地中混杂着帚石楠,它们在白色的干草中闪烁着暗紫色。农场小而古朴,低矮的木制牲口棚的茅草屋顶上长满青苔,棚下遮蔽了一些羊、鸡和一头牛。一些空地中还有小木屋和露营地,德国士兵在那里晾衣服,或者坐在桌边抽烟打牌。

有一次,当利恩在宽阔敞亮的田地里沿着一条沙子路行走时,一辆马车从她后边驶过,慢慢地超过了她。马车后面是开着的,里面运载了五六个一脸孩子气的士兵,他们身体靠在大麻袋上晒着阳光。当她与他们的距离越来越远时,他们注意到了她,向她挥手,利恩也挥手向他们示意。然后他们停了下来,冲她大喊,几个人都微笑着,宣称她是一份奖赏。一个脸上长满雀斑的年轻人赤裸着双脚跳到沙地上,非常轻松地蹲下,并把她抬到他身上被阳光烤得炙热的木板上。

那里很高。"你会说德语吗?"这个年轻人用德语问道。她摇了摇头,眼神撇到一边。为了博得美人一笑,他们说了一些让她练习的简单德语词，还从口袋里搜寻礼物，因此她吃到了香脆面包，以及他们带着微笑和恳求放在她手中的人造（代可可脂）巧克力。这些男孩给利恩展示了他们爱人的照片。他们彼此之间说德语，不过以闪闪发亮的眼睛凝视着利恩。他们也许以这种方式在田野里和林地里行驶了半个小时，此时利恩既是俘虏，也是公主。之后，当他们抵达村庄的边缘时，她向他们指明自己的房子在哪里，于是士兵们把她放了下去。

利恩返回时并没有转头回望，也没有思考她与士兵们的相遇。和其他事情一样，这件事就这么发生了。她不考虑战争、朋友或敌人的事情。她也不再想起自己的父母，或者任何与她有关、可能还在外面更广阔的世界里的人。

1944 年 5 月过去，6 月到来，预示着夏季来临的热气被雨水浇灭。在 4000 英里外的诺曼底，盟军成功登陆，但利恩对此几乎一无所知。对她来说最重要的事情就是范拉尔一家去短暂度假了，这意味着她必须与 31 号的邻居待在一起。这还真是个变化。

隔壁的女孩科里·德邦德（Corrie de Bond）比利恩大几岁，能言善辩，说话带着浓重的乡下口音，脸颊红扑扑的，给人一种母亲似的感觉。她以青少年的闲话和建言拉拢了利恩。虽然科里仍然穿着彼得潘领的衣服，但她几乎长成了女人，而且，令利恩既不安又兴奋的是，科里告诉了她很多关于范拉尔夫人的实话。科里的父母图恩（Toon）和扬斯（Jansje）是一对婚姻美满的夫妇。扬斯个子不高，脸上总是挂着微笑，长着一张圆圆的脸庞。她虽然已是成人，但还没有利恩个头高，嗓音安静柔弱。年轻时的疾病使她变得脆弱，因此她很多时候要卧倒在床。这让科里成了家中的某种领导：打扫厨房、帮忙做晚饭，爸爸如果晚归有时甚至还会责骂他。科里家里总是有人进进出出，所以科里会告诉他们规矩。

利恩在科里家待了几天，科里的父亲甚至比平时回来得更晚。虽然她爸爸身材高大，比她们高两英尺多，但当科里指着墙上的钟时，他温柔地弯下腰来，带着一丝愧疚之意微笑着。科里的父亲没有穿西装外套，系领带，而是穿着溅上油漆的背带裤和一件开领衬衫。他在那里站了一会儿，默默地等待着，面露微笑，手放在背后。然后，他眨了眨眼，拿出一袋子边上带着重黏土的土豆。他得意地把土豆放在桌子上。他娇小的妻子非常高兴，但在说话之前小女儿马尔特（Maartje）就跑了过来，拖着一个娃娃，非常渴望被举高高。科里提醒她的爸爸要小心点。因此，爸爸只能让马尔特头发上格子花纹的蝴蝶结碰到石膏板的位置，他轻柔地将她举向天花板，天花板只比爸爸的光头高一点。之后，他们一起坐下来吃饭，欢声笑语，没有祷告。利恩很安静，不过她非常享受这种团聚，还有最后吃的布丁。

那个晚上，利恩睡在科里身边，她低声说道，自己宁愿与科里和马尔特住在这里，因为她的年纪正好处在这两人中间，即小女孩的姐姐，大女孩的妹妹。但是，科里以她大人般的智慧告诉利恩，改变是非常危险的。因此，三天后，利恩搬回了33号范拉尔家熟悉的卧室里。

将范拉尔一家打造成坏人的角色是非常不公平的。他们勇敢地将犹太人藏起来，有自己的理想和标准。将他人带到自己家中着实不易。这也就难怪范拉尔夫人想要让利恩做得更好，但这个与他人保持梦幻般的距离、有时行为举止令人生气的孩子，并不是范拉尔夫人所期待的那种端庄、居家、敬畏上帝的女孩。

对于利恩来说，有关真诚感激的每晚祷告依旧感觉像谴责，而且，随着9月的夜晚越来越深，她愤怒地认为她周边的价值观都是扭曲的。这一信念逐渐演变成一个公开的秘密，可以从她每一个眼神中读出来。家庭中蔓延着紧张的氛围，得不到满足的胃口和雨都无法提振心情。当亚普汇报他掌握得到的所有细节，比如他看见利恩在学校操场里玩跳房子游戏，并向家长汇报时，坐在桌边的利恩怒视着他。晚饭之后，利恩照常大声朗读《圣经》，但她的声音已经到达极限。

雨暂时停了，因此父母两人决定在宵禁前外出散步，亚普则要出去玩耍。利恩在厨房里走来走去，心里拿不定主意。或许她可以去找科里聊天，他们应该已经洗完碗了吧。之后，一个邪恶的主意钻进她的脑海里，而且几乎是在意识到以前，她就已经来到走廊了。楼梯下的走廊通往地下室。她依然非常饥饿，现在还有足够的时间。

她转开门把手，看见了木头台阶，然后点着了灯。她的耳朵里充斥着自己心脏剧烈的跳动声。这是现在做或永不去做的问题。她弯下腰，在敞开的门前犹豫不决。她非常清楚，地下室里有方糖，就在顶层架子上的黄色搪瓷罐里。她迅速地走下台阶，来到砖铺的地板上，看着伴随她移动而变得越来越小的上方灰色方块。正如她预计的那样，它就在最上方的架子上：黄色的罐子。利恩伸长手指，让罐子倾向自己身边，用拇指掌握住罐子的重量。罐子里的糖块发出了轻微的碰撞声。

"你在干什么？"范拉尔夫人的声音响起。

它像电荷一般穿过女孩的身体。

她抬头看向头部上方的灰色，如同一只被困的小动物，她脸上的红色迅速蔓延，尖锐得如同一把刀子。随后，她体内蕴藏了如此之久的热量终于爆发出来，如同在草丛下燃烧的泥炭火。

"你这个烂女人。"她嘟囔道，声音微弱，听起来不太自信，但响亮到足以被听见。

两人沉默了很久，然后有了一句回复。

"这些就是你们犹太人的把戏。"范拉尔夫人说道。

第十四章

本讷科姆是利恩与范拉尔一家共同居住的隐藏之地，也是我母亲的老家。这是我对荷兰了解得最清楚的地方，自从数周的调查以来，本讷科姆也是我大部分时间与姨父姨妈待在一起的地方。利恩在这个我如此熟悉的地方度过多年，这纯粹是个巧合，因为她是与我父亲，而非母亲的家族有联系的。

利恩停下了讲话，不过，像上次一样，桌子上的录音机还在工作。此时是星期日下午 1 点，我又来到了她在阿姆斯特丹的公寓。这是我们一周多以来的第一次采访。

利恩将贴着范拉尔一家照片的相册拿到桌下，然后摆好午饭用的餐具。我们一边吃着，一边聊着。

表面之下燃烧着的火焰的暗喻，就像当利恩藏身在艾瑟尔蒙德的农场时更早的"热度很低"形象一样，对利恩来说具有重要意义。当我们讨论她的感觉时，她回到了这个话题。愤恨已经在她心中积攒了几个月，一旦它公然爆发，就不可能抑制了。利恩和范拉尔一家之间可能会有激烈的争吵，竭尽全力的大喊大叫，利恩本人可能会说一些糟糕的话。

"我觉得我对他们太不近人情了，"利恩轻柔地说道，"他们对我也是一样。"

她观察到，在家庭之中，只有当所有人的行为已经被预先确定好，一个模式通常才能建立起来。你知道某个人会做什么，以及在某件事确实发生很早之前，其他人会说什么。对于利恩和范拉尔一家来说，这成了不近人情的模式。没有尊重，没有确定，他们不向对方说任何好话。

"但是，"利恩缓缓地补充道，"我也认为他们十分正派，道德非常高尚，对于我的不良行为——我确实有过——他们没有放弃我。"

"放弃我"：这意味着几层含义。

我问利恩她是否感到生气。

在回答之前，她停顿了一下。

"我觉得自己主要的感觉是，我失去了所有可以紧紧抓住的东西。没有界限……没有围栏……我最强烈的感觉，最重要的感觉是，我正在自由坠落，没有人可以拉住我。你需要某个人为你画一条不能跨越的界线，但我没有。"

利恩后来解释说，在她作为社工工作的职业生涯里，多亏有了这段经历，她可以非常理解那些在权威方面遇到问题的孩子们。他们也对不能跨越的界限没有概念，正因如此，没有什么可以阻止他们迈向犯罪的世界。利恩认为，考虑到进入她内心的野蛮和被遗弃的感觉，她本有可能走上那条道路。

继续采访之前，我和利恩在冯德尔公园（Vondelpark）里散了一会儿步，这个公园离她公寓前门只有几分钟的路程。虽然利恩年事已高，但她的步伐依然矫健，当我们过马路的时候，她还催促我加快脚步。

飞驰而过的骑自行车者和其他步行者挤满了公园里的小路。在冬日暖阳的照耀下，人们坐在公园餐厅和茶馆的外面，喝着咖啡，或者啜饮着细长玻璃杯中的啤酒。走在我们前面的三个男孩身上飘来了一股浓重的大麻味，这让我想起了20世纪70年代，这个公园作为"魅力中心"闻名于世，数千名嬉皮士在树下和湖边唱歌，夜晚睡在放在公园的睡袋里，为和平与爱而庆祝。很明显，只有10%的嬉皮士真正来自阿姆斯特丹，其他大多数人来自荷兰的其他地方，以及法国、德国和美国。至于现在，这座城市是一个包容的避难港，吸引了那些想要前来尝试的人，即使他们只是在此短暂地休息一会儿。更加让人难以忘怀的是，在二战期间，这座城市成了德国的军事营，四周围起了铁丝网，混凝土地堡深深地扎于地下。

回到公寓后，我们泡上了茶。在外面逛了一会儿后，再次投身于工作之中有些困难，我的问题暂时变得有些模糊和勉强。我试着描绘一幅有关那个秋天利恩生活的图景，却发现难以给它赋予颜色。尽管利恩与范拉尔家之间爆发了争吵，关系变得紧张，但生活还向往常一样继续进行着。她依旧要打扫，与范拉尔一家尴尬地吃饭，还要继续在学校大放异彩。她一直在晚上大声朗读《圣经》，这对于这个犹太女孩来说似乎是个负担，但利恩还把它当作一种乐趣。

"我一直都很喜欢讲故事，这就是教堂令我很高兴的原因。学习圣歌，聆听布道，谈论课程——这给我一种凝聚的感觉。这就好像当我还在普莱特街的时候，他们会说，在讲故事的时候，'她就那么坐在那里，眼神直直的'。我完全沉浸在那个世界里了。"

我告诉利恩，她曾经逗弄过我的姑妈，即范埃斯家的小玛丽安娜。此时，她的眼睛亮了起来。

　　"是的，那没错。"她说道，接着，谈话的重心立刻变了，僵硬的气氛消失，利恩开始告诉我 1944 年 9 月 17 日星期日那天的事情。

第十五章

利恩站在麦田边的一条路上，看着这片麦田：半圆形，一些色彩鲜艳的东西——蓝色、红色、黄色、绿色——正在飘落下来。

云层间出现了一个裂口，阳光从其中照射下来，是降落伞！

她身边站着一群孩子，正指着降落伞。这是英国的士兵们正在着陆。她扫视着这些不可计数的影子。在它们之上，数百架飞机正在翱翔，它们似乎被固定在一起，宛如模板一样划过天空。

看着它们，利恩有点想笑，就好像你明知一场事故非常严重，却无法摆出一副严肃的表情而笑出来一样。有这么多可真傻。数以千计。这不可能是真的。

她仰头看着降落伞，脖子有些酸疼。她的眼神追随着一架刚从飞机中弹出来的降落伞。首先是一块小蘑菇形状的布料，然后是一些绳子，接着是一个大块，那是个真人。它们向下滚落，大块首先落下，蘑菇在后面全速行进，越向下就变得越大。蘑菇里充满了空气，然后打开并缓慢降落。你看不到它们着陆，它们只是消失在远方的树后。当一顶降落伞消失后，她又抬起头来追寻另一顶的轨迹。它们从飞机后方倾泻而出，一顶接着一顶，仿佛正在倒塌的多米诺骨牌。

有时，拉绳上悬挂的不是士兵，而是包裹。加入他们之中的大人们告诉她其中的区别：一些携带着吉普车，一些运载着加农炮。之后，还有一些被其他飞机拖曳着的飞机。这些是不能独自飞行的滑翔机。她看见绳子被切断，滑翔机脱离于负责拖曳的飞机，它们的头部快速向下坠落，看起来就像一起坠机事故。

他们真的是英国人！每个人都在说着相同的事情！

英国人源源不断地前来，这本应变得无聊，不过她身边人的兴奋之情一直没有减弱。一个高个子男人对他身边窜上窜下的小男孩做出解释，重复着一些陌生的词语，比如"同盟国"、"达科他"和"高射炮"。利恩密切关注着那些颜色——蓝色、红色、黄色、绿色。

突然，他们的身后发出了一声闷响，人们转身看到火焰蔓延至空中，之后，一团黑色的烟雾从地上升腾而起。这发生在距他们很远的地方，因此感觉很不真实。

过了一会儿，一群骑着没有轮胎的自行车的男人疾驰而过，金属轮辋扎进了沙地之中。他们举着橙色的横幅，在她周围，人们开始狂热地演奏《女王万岁》。

远处传来了敲击声和有节奏的巨响。

接着，就在他们上方，两架飞机似乎凝固了片刻，它们靠得如此之近，以至于她可以看见它们灰条纹腹部上的铆钉和悬挂着的炸弹。螺旋桨在空中闪亮地旋转着。过了几秒钟飞机就消失了，不过它们的引擎发出的噪声持续了相当长一段时间。

当她回到在阿尔格梅尔的家时，警报声长鸣，在街道上持久、低缓、可怜地哀号着。利恩打开前门时，她听到范拉尔夫人问是谁，而这在平常并不多见。利恩应答之后，就被命令直接前往地下室，全家人都挤在那里。满脸光泽的范拉尔夫人似乎已经到了疯狂的边缘，她说迪登路（Diedenweg）遭遇了轰炸，两个孩子因此丧生。范拉尔先生坐在她旁边的一个柳条箱上，他的头发斜着竖成了一撮。"英国人来了。"亚普说道，仿佛这对于利恩来说还是个新闻。过了一会儿，停电了。

三英里之外，金克尔荒野上的帚石楠和草丛一望无际，英国伞兵们正在荒野上向阿纳姆行进。这是"市场花园行动"（Operation Market Garden）的一部分，该行动计划从荷兰直接切入，直捣鲁尔区的工业核心地带。虽然参与行动的有多达一万人，但他们需要在敌人的领土上快速通过，以夺取并最终掌控莱茵河上的重要桥梁，桥梁的跨度长达八英里。

早上，很显然学校的课程被取消了，因为孩子们正在街上玩耍。利恩感到一种奇异的、获得释放的节日气氛，走到外面加入了孩子们之中，发现孩子们正在收集战利品。一个男孩面前的草地上散乱地铺着他的一整套战利品。利恩渐渐走向环绕他周围的孩子们中，听到他们说，带着搭扣和袋子的各种绿色帆布是降落伞。那个男孩还有弹壳，小小的铜色管子，闪闪发亮。男孩允许利恩拿起其中一个，利恩凝视着弹壳中的黑暗。"闻闻它顶部的味道。"他告诉她，于是她不假思索地深吸了一口气，闻到了一股浓重的硫黄味。她猛地咳了起来，双眼眨动，很显然男孩喜欢她的这个反应。现在，这个男孩对她抱有特别的关心，接着郑重地将英国炸弹的涂彩翼片递给了利恩。

当她腼腆地笑着接过时，两个人的手指触碰在一起。

登陆后最初的那些日子里有种浪漫的氛围。远处常常迅猛地燃起大火，近处则甚至还有子弹的嗖嗖声。街上男孩们收藏的战利品越来越多，女孩们则身穿五颜六色的尼龙裙，这些裙子是她们的母亲用降落伞的布料制作而成的。利恩也想要这么一件。

然而，过了一阵子，学校复课的通知传来了，她周围的气氛也发生了变化。晴朗的空中转瞬间起雾，接着就开始下雨。在他们上方的天空中，以及地平线之外的地面上，战争仍然在继续：低空飞行的飞机，隆隆作响的大炮，偶尔还能闻到天空中弥漫的油烟味。有时候还会传来炮弹击中房子的新闻。不过，在这座村子的范围之内，一切似乎与原来无异。

然后，越来越多的人开始拥入本讷科姆：首先是拿着大堆行李的一家人，他们在隔壁的房子和谷仓里定居下来；然而，在此之后，几百名难民同时在这里停留了几个小时，接着继续出发。一天早上，利恩走在上学的路上，看到了一长列杂乱的队伍，一群满脸困惑、筋疲力尽的人在路上静静地站着，没人能够通过。队伍之中有步行者、马车和骑自行车的人，他们都局促不安地携带着行李，等待着离开这座村庄。马车的角落边，白旗沉重地悬挂在当作杆子的耙子和扫帚把上。在利恩前面，一位老绅士推着一辆组装的独轮手推车，许多行李箱被恰当地钉在上面的木板上。他的身边有一个推着自行车的女孩。利恩探身去看车把上挂着什么东西，却惊讶地发现那是一群死去的兔子，它们的腿被捆在绳子上。天空中还有持续不断的盟军轰炸机的轰鸣声，轰炸机似乎很近，却无法看见，因为被云层遮盖住了。

那天下午，当利恩回到在阿尔格梅尔的家时，她被告知必须打包行李了。

1944 年 9 月 17 日到 10 月 20 日，本讷科姆这座小村庄的命运悬而未决。在附近金克尔荒野的登陆处于"市场花园行动"的最远端，英国的伞兵们已经降落在那里，深入敌方领土超过 60 英里，他们期待着盟军坦克的增援。盟军坦克本打算加快对一条道路上的六座被占领桥梁的救援行动。那些桥梁都需要依靠空军力量的单独登陆来夺取。正是对这些桥梁的夺取与桥梁之间的道路上坦克的快速行进，在从旧前线至德国边境之间创造了一条狭窄的通道。

第一天的推进相当成功。尽管遭遇了强烈的抵抗，但一支小分遣队迅速向西奔向阿纳姆，夺得了北端第六座及最后一座桥梁，从那里就可以直奔德国。然而，巨大的问题已经十分明显了：他们的吉普车没能安全着陆；恶劣的天气阻碍了波兰援军的行动；盟军的无线电也无法正常工作。不过最糟的事情还在后面。

英国空降军的总指挥弗雷德里克·布朗宁（Frederick Browning）发现两支党卫队装甲师在防守阿纳姆，不过，在行动开展的忙乱之中，他们的身影被忽视了。装备齐全、久经沙场的战斗师里有数千名士兵。他们拥有坦克、长距离枪炮，比轻装上阵的伞兵持有的弹药多得多。即便如此，英国的小分遣队还是坚守了九天。然而，到了 9 月 25 日，由于看不到盟军地面部队支援的前景［他们的穿越在索恩（Son）和奈梅亨（Nijmegen）受到了阻挠］，他们被迫投降。到那时为止，1500 名伞兵在阿纳姆及附近阵亡，超过 6000 人被俘虏，其中许多人身负重伤。他们的斗争将会因"遥远的桥"① 而被人记住。

9 月的大部分时间里，本讷科姆都处在直接冲突的区域之外，随着形势日渐恶化，本讷科姆接纳了从附近城镇来的难民。然而，就在奈梅亨即将被最终解放的时候，前线发生了转移，现在盟军部队距这座小村庄只有不到 5 英里的距离了。盟军的炮火击中了本讷科姆的边缘，就像德国的 V-1 火箭发射失败一样。到了 10 月中旬，党卫队部队穿过街道，征用民宅；10 月 20 日，德国当局命令所有居民必须在 22 日中午前撤离。本讷科姆成了军事地区。曾经藏在乡下与世隔绝之处的利恩，现在则站在了整场战争的中心地带。

10 月 22 日星期日早上，阿尔格梅尔 33 号的形势非常紧张。一辆老旧的婴儿车横挡在路中间，一条绳子将毯子绑在婴儿车上，几乎看不出车的形状了。厨房里，范拉尔夫人正把一罐罐食物放进行李箱里。房子上层传来了奇怪的回声，比平时的声音更轻，因为窗帘被放了下来。利恩的一小包行李被放在地上一堆杂乱的东西上，范拉尔先生正在用另一条毯子包裹起来，然后拿到了客厅里。他们让利恩坐在亚普身边，于是利恩和亚普静静地等待着，眼睛盯着空荡荡的架子，房子里半空的房间里回荡着碰撞声和摩擦声。

过了似乎很长一段时间后，他们走出家门外，外面正下着淅淅沥沥的小雨，尽管有云层遮挡，天空还是十分明亮。利恩身上穿着三件裙子，这样就可以不必带着它们了。她可以感受到针织物扎进了自己的胳膊内侧。他们关上了大门，但没有锁

① 指 1997 年上映的电影《遥远的桥》，片中复盘了盟军失败的"市场花园行动"。

住，因为德军有可能在几个小时后在这里住下。

整条街上都是情况类似、从门口出来的家庭，他们互相打招呼，掂量将会携带的行李的重量。男人们（人数不是很多）在一起站了一会儿，接着开始行动起来，所有人都在一列队伍中找到了自己的位置。他们放下了行李箱，把笨拙的物品留在半道上，但行进的节奏很快就建立起来，他们沿着利恩日常的上学路前行。村子中间有一些角落里挂着白旗的马车，从那里开始人们分散成更小的群体。

一切暂时还十分眼熟：面包店、蔬果店、肉店。之后，小村庄逐渐消失在越来越多间隔宽大的房子之中，最后他们来到了林地和未知的田野中。与马车保持近距离十分重要，因为如果不这么做的话，就有被飞机击中的危险。因此，他们与几十个邻居靠在一起，这些邻居也向他们一样几乎默默地前行。范拉尔先生让亚普紧紧地待在自己身边。利恩的眼睛紧紧地盯着领队车的橡胶轮胎，还注视着被轮胎卷起来的湿叶子。有时，叶子会黏在轮胎上，跟着他们走了一路；有时，叶子就直接掉下去了。

这是一段漫长的路途，中间休息了很多次。有一次，他们经过了路边一匹死马身边，马蹄直直朝上，尸体上覆盖着一层抖动的苍蝇。利恩觉得很有趣，她站在那里看了一会儿，后来那群苍蝇猛地散开，嗡嗡地飞走了。

行走过程并不艰难，但穿着多层裙子的利恩觉得自己有如针扎。到了下午 3 点左右，他们接近了目的地埃德（Ede），她此前从未来过这里。在他们抵达任何建筑物之前，利恩首先看到的就是路边缘的一个弹坑。她和亚普密谋了一会儿，结伴离开队伍去看那个弹坑。弹坑几乎是个正圆形，看起来就像插入沙地的一个厨房里的碗。利恩很好奇下到里面会是什么感觉，于是就从边上堆得高高的地方俯视弹坑。

当他们来到城镇里的第一批建筑物前时，他们看到了一堆碎石。变了形的金属、砖块和混凝土沿着房屋堆成了大山，房屋的情况看起来还不错。他们面前的一座房子只是缺少了一个角：上面的房间被切开了，房门、床和半个房顶暴露在灰暗的天空之中。在街上，他们身边散落着一大堆乱糟糟的墙壁和窗户。

现在他们已经抵达了这个城镇，他们的团体就和其他群体混在一起了。人们说前面的道路被堵住了，因为德国人正在进行调查。所以他们就站在暗淡的午后日光下等待着。一开始，他们伸长脖子，想看看发生了什么事情，但随着时间流逝，他们开始躁动不安地盯着地面。身着制服的男人们缓缓地沿着家庭队伍走动，时不时停下来询问问题，或者大喊没人能完全理解的命令。十步之前，一个年轻的男人递出了一摞文件，尽管如此，他还是被突然拽着领子拖到了路边。利恩身边的范拉尔先生紧紧地握着一份硬纸板文件夹，与他的妻子窃窃私语。士兵的头盔现在合上了，头盔上有一块小小的白色遮挡，上面有两道并排的闪电标志。

接下来，士兵们就来到了他们身边，从范拉尔先生那里接过了文件。范拉尔先生反复对他们说"我是很重要的劳动力"，而这在利恩听来毫无意义。与此同时，一个一边喊叫、一边举枪的男人将早先被拉到一边的年轻男子带到一群人之中。现在，到处都是士兵们的叫喊声。但是，当利恩的心脏剧烈跳动时，她没有颤动，而是继续环视四处。她看到的这个世界既陌生又遥远，仿佛是某种戏剧。她觉得自己现在仿佛又能飞了，就像梦中的好利恩一样。

如果利恩可以飞到她与许多人正在等待的这条路上空，那么她就可以看见下方扩展开的埃德，这是一座城堡小镇。这里的树木被砍倒，以便划出清晰的火线；和那个站在利恩前面的男人一样被拉出队伍的年轻男人们现在则在枪口下挖着战壕。这个镇子已经被盟军的空袭包围起来，各处都是 FLAK 防空炮，炮筒的长钢管直指天空。通往埃德的路边吊着 40 具抵抗斗士的尸体以示警告，他们的胸口上别着"恐怖分子"的标志。森林里有数百辆坦克和成千上万名士兵：可能是两支党卫队装甲师，更多力量正在陆续到来。

1944 年与 1945 年之交的冬季，即荷兰人所知的"饥饿之冬"，欧洲前线处于冰天雪地之中。在东部，苏联红军进入波兰，但就在抵达华沙之前停下了脚步。在南部，盟军面对着亚平宁山脉，直到来年 3 月才能翻越。而在西部，一场大规模反攻行动（即坦克大决战）使美军在阿登高地的积雪森林里确立了牢固的地位。在其北部，荷兰内部的形势截然不同。伴随着"市场花园行动"的展开，英国和加拿大的坦克向北行进至瓦尔河和莱茵河，解放了米德尔堡（Middelburg）、布雷达（Breda）、奈梅亨和斯海尔托亨博斯（'s-Hertogenbosch）。但荷兰的大城市——阿姆斯特丹、海牙、鹿特丹、多德雷赫特、乌得勒支和阿纳姆——依然处于德国的统治之下。

阿姆斯特丹，2015 年 1 月，外面十分昏暗，天空中开始下雨。利恩和我面对面坐在桌子两边，只开了一盏台灯。她的记忆并不像我所记述的那么清晰。她只有些零碎的记忆——登陆、警报、在地下室里蜷起身子、穿着用降落伞布料做成裙子的女孩们、埃德街道上的尸体——但我必须结合其他来源把剩下的部分拼凑起来，比如历史著作和日记，以及我从还未见面之人那里得到的目击者口述。随着利恩与其他人的接触越来越少，她记忆中的缺口也越来越大。关于前往埃德的路程，数百人对此的回忆还如此生动（比如，有人讲述了弹坑或者苍蝇落在上面的死马），利恩却无法描述出来。

利恩站起身去拿一些食物。一片漆黑之中，当她打开冰箱门时，里面刺眼的灯光照射在她的脸上。我主动在她家里走来走去，仿佛已经是自家一般，然后打开了更多的灯。我们此刻的沉默是一种友善的沉默，令人舒适，却也上心。仿佛我们两个人都在一场旅途之中，就像战时的利恩一样。我们拉伸了一下酸痛的四肢。

不知为何，餐食吃起来像路边摊的食物。明天我将会前往阿尔格梅尔，查看利恩住过的那个房子是什么样子的，我还会从那里走向教堂。利恩点了点头。她对范拉尔一家的房子还记忆犹新：一点亮光，但并不十分幸福。我们站了起来，晚餐的剩菜留在了桌子上。

我走出利恩的公寓，穿过暴风雨冲回了车上，在车里坐了一会儿，擦干眼镜，等待着汽车预热。过了一阵子，我倒车并将车开回公路上，只听到了汽车的引擎声、刮雨器的沙沙声及滴落在窗户和车顶上的雨声。开了一小段路程后，我来到空旷的平原上，停下车加油。当我给汽车加油时，在黑夜的映衬下，加油站简洁的线条上配以彩色的灯光，加油站那非同一般的美丽震撼了我。在加油站里，我浏览了一会儿背光冰箱里的东西，之后用卡结账。接着，我再次上路，跟随着标志牌前往埃德，那里是我出生的地方。

第十六章

第二天早上，我在本讷科姆的一个空房子中醒来。我的姨妈和姨父——扬·威廉（Jan Willem）和萨布里纳（Sabrina）——肯定几个小时前就去上班了。就连他们的狗也不见了。留在厨房操作台上的便条上写道，邻居们将会在 8 点接它们，这就意味着它们肯定在一个多小时以前就已经走了。我坐下来边看报纸边吃早饭。在一间阳光普照的房间的远端，一扇大窗户遵循屋顶的山形坡度延伸至天花板处。窗户中呈现了草坪上一簇松木的轮廓。

这栋宽敞的低层建筑是我外祖父母在战争结束后不久建成的，它位于村庄外一座树木繁茂的小山之上，受到了美国建筑师弗兰克·劳埃德·赖特（Frank Lloyd Wright）的启发，体现了他们关于现代风格的理念：线条简洁。作为一个享受优待的小孩，我在 20 世纪 70 和 80 年代在这里度过了夏天，与兄弟姐妹们享受着巨大的花园和游泳池。在昨晚听过利恩的故事之后，这个地方现在似乎感觉有些不一样了。

我正在阅读的报纸是 2015 年 1 月 14 日的《新鹿特丹商报》（NRC）。报纸头版展现了巴黎的一长队人站在凯旋门前，排着队购买《沙尔利周刊》。这份发行量只有不到 10 万份的杂志，在恐怖袭击发生之后发行的第一版达到了 500 万份。报纸里还有美国帝国大厦和英国国家美术馆上亮起法国国旗颜色的灯光的照片，在标题《欧洲的恐怖袭击》之下，发生在巴黎的枪击事件被描述为"战争行为"。许多报道和评论文章都列出了对许多国家中犹太人性命的威胁，而诸多犹太会堂为防止被袭击也已经关闭。大规模移民的言论已然出现。报纸上的一篇报道指出，仅在去年，就有7000多名犹太人离开法国前往以色列，而这个数字还在上升。

利恩的过去和近来发生的恐怖袭击事件奇异地并列存在于我所处的这个熟悉的房子里：拼花地板、时髦的现代风格和古雅的家具，以及音响四件套里的巨大音箱。当我还小的时候，音响经常播放古典乐。门一边的墙上有一幅小小的铅笔画，大约有10厘米宽，画中的小鸭子在池塘里戏水，周围还有一些芦苇。几天前，我得知这幅画是我姨父的祖父母辈亲戚的犹太人邻居在即将转移至东部前留给他们的。就像被驱赶到韦斯特博克的中转营的107000名犹太人中的几乎所有人一样，这些邻居再也没能回来。这就是这幅小小的素描画现在留在我们家中的原因。

当我观察这幅画的时候，我想起了利恩关于其故事和家庭的初次记忆。这张铅笔绘成的方形画甚至都不是零散的信息——如果没有家庭的故事，如果没有人留下来讲述的话，它就会在旧杂货店里迎来自己的终结。我认为，对于我来说，本讷科姆从未有过真正的历史：它给人的感觉一直都是现代化的，只与欢快的青春年华有关。但现在，这种感觉变了。

在访问范拉尔一家在阿尔格梅尔的老房子之前，我决定先去跑步。很快，我就慢跑着穿过了林地，接着经过作物收割后冬天留在地里的残株，向横跨铁路线的平地跑去。我并没有打算来到此处，但当我扫视地平线，发现利恩记忆中自己被德国士兵用马车拉走时正是经过了这些地方时，我感到十分震惊。然后，我跑进了金克尔荒野，来到了 1944 年 9 月英军着陆的那片广阔无垠的土地，上面长满了黄草和紫色的帚石楠。

不知为何，这次邂逅似乎与历史精心地协调起来。当我环顾四周，看到熟悉的小山丘时，这种感觉愈发强烈。这里有许多菱形的小丘，这些史前时代的古墓如今在树木的遮掩下若隐若现，几乎与大地的起伏融为一体。棕色的旅游标志代表了不同的阶段：从新石器时代到青铜器时代，在莱茵河土地肥沃的沙滩上勉强为生的农民取代了打猎采集者。本讷科姆同海牙和多德雷赫特一样，可以被视为一处荷兰的发源地。这里是最早被清理土地、排水和付诸使用的地区之一，当罗马人来到这里时，这些土地位于罗马帝国的边缘，处于瞭望塔和堡垒的监视之下。到了 1944 年冬天，这里再次成了前线阵地。

十分钟之后，我来到了一小片荒地，地上有一棵被小时候的我们称作"爬树"的大树，我还在那里发现了两只眼熟的小狗。早上 8 点，邻居带着这两只狗出来散步。虽然他并不一直住在这里，但自小时候以来，他就断断续续地住在本讷科姆，所以我们对对方都有个大致的了解。我来到他身边停了下来。我们互相问了一些寻常的问题，过了一会儿，他问我是什么把我带回了荷兰。

即使到了现在，我也还是觉得这是个难以回答的问题。准确的回答太冗长、太私人、太严肃。而且，对于我真正在做的事情，我依然觉得惴惴不安，也不清楚自己是否有个明确的计划。不过，我还是回答了这个问题，当我这么做的时候，我发现这个故事开启了一段新的交流，就像在其他地方一样。这个邻居就像和他年龄相仿的几乎所有本地人一样记得登陆的时间。他叙述了 9 月 17 日后的几周里，他和其他男孩如何在森林周围收集使用过的弹药、制服的碎片和武器装备。他还记得自己和朋友们来到了森林里的此地，发现了一头牛的残骸，这头牛已经被英国士兵宰杀吃掉，只剩下毛皮和骨头。这是让我记忆深刻的细节之一。

下午 2 点，我骑着姨父的自行车，前去探访范拉尔一家的老房子，不到 5 分钟，我就到达了阿尔格梅尔，这是一条两边长满了树木的住宅街道，一直延伸到森林里。这些住宅规模庞大，大多是独栋的，远离树木林立的人行道，被修剪整齐的树篱包围着。再往村庄中心走，房屋的规模就小了一些。33 号是一座半独立式大住宅，前面有一个漂亮的花园和整洁的砖砌车道。我把自行车停在路灯柱旁边，直直走向大门。

一个与我年龄相仿的女人应答了。我现在已经对自我介绍驾轻就熟，于是开始告诉她利恩的事情，以及利恩曾经住在这里的时光，但我还没来得及解释更多，她就打断了我，微笑着问我是不是指范拉尔夫人。

"是的，"我说道，"您和他们有私人联系吗？"

"没有直接联系，但当我们扩建地下室时，我们找到了她的一个小本子，还在某个地方保存着它。"

过了一会儿，我坐在了令人愉悦的开放式客厅兼厨房里，这里铺着木地板，窗帘拉开，墙上装饰着现代艺术作品。就连烧柴火的壁炉（这让我想起了利恩和她早上的工作）也是全新的。

这位名叫玛丽安娜（Marianne）的女士与我一同坐下来，她的十几岁的儿子则正在寻找那个小本子，他很快就找到了它，它被装在一个小小的有机玻璃盒里。他将其拿下楼来，那个盒子很可能之前装过一摞扑克牌之类的东西。

"之所以留着它，是因为我们觉得它很重要，"玛丽安娜解释道，"因为它与战争息息相关。"

这让人十分振奋。我宛如专家一般提起了盖子，想起了海牙的国家档案馆。我的全身一阵颤抖，因为这个本子的起始日期正好是利恩来到这里的那一天，而且它看起来十分陈旧，被老鼠啃过，上面还有霉斑。我检查了一下，这是一本家计簿，里面满是购物支出，比如花 35 分购买的腌黄瓜。这让我专家般的态势显得有些滑稽可笑。这个本子让我想起了简·奥斯汀的小说《诺桑觉寺》里的女主人公凯瑟琳·莫兰，她找到了一些陈旧的洗衣单子，从而在想象中构思了一个情节。范拉尔夫人的本子里确实列出了全家人的待洗物品——床单、背心和桌布——还记录了每次洗涤的准确日期。这个本子还有一种魔力，从中可以看出每日的主要食物（比如芥菜）和欢庆时刻（花高价买的蛋糕和柠檬水，但从来没有酒水）。

看完这个小本子后，我在房屋里转了一圈，包括地下室。原始的木楼梯和旧架子还在那里，架子上现在堆放着很少使用的厨房用品，比如一个电煎锅还放在包装盒里。我想象着利恩在这里偷糖块的样子。走到楼上，玛丽安娜指向了那个时期的遗迹，比如顶部嵌着磨砂玻璃的门。楼梯间平台的暖气片上，一双足球鞋正放在一张报纸上晾干。70 年前，这是一座被占据的房屋，里面满是党卫队的士兵，这种感觉还真是奇异。

当我站在门口向玛丽安娜表示感谢时，她提到了自己的邻居。

"他就是在战争结束后不久出生的，你应该找他聊聊。"她建议道。

我有些不太情愿。未打招呼就前去拜访，这实在不是一件容易的事情，我们之间甚至都没有直接的联系。虽说如此，因为玛丽安娜依然站在那里观望着，所以我就穿过了车道，来到了蓝色的大门前，大门上镶嵌着带有凸起花纹的窗户，上面的贴纸写着不欢迎陌生人拜访。我按下门铃，听到了里面传来的犬吠声。模糊的玻璃窗上显现出一个女人的脸庞。当我努力解释自己的身份时，两个阿尔萨斯人走向了我旁边的高大的铁制侧门，后面还有一个年近七旬的壮汉大步走来。

我不熟练的荷兰语听起来有些正式："不好意思，你们的邻居，玛丽安娜，她建议我来访问你们。我正在调查我姑妈的生活，她还是个孩子的时候就藏在 33 号——"

就在我进一步解释之前，他打断了我的话。他脸上的表情彻底变了。

"小利恩！"他说道，"她正是我得以出生的原因。"

第十七章

过了一会儿，我坐在了另一个客厅里，那个男人则在寻找一本书。打开着的巨大电视的音量很低，空气中弥漫着烤箱中炸薯条的浓浓香味。地板上满是孩子们的玩具。"不好意思，我的孙子们一早上都在这里。"这个名叫沃特·德邦德（Wout de Bond）的男人说道。到现在为止，他几乎没有做出什么解释，不过说了一件出乎意料的事情。在战争期间，利恩在这栋房子里待过一段时间。

这个新消息让我感到十分迷惑。利恩本人并没有关于邻居的回忆。此时此刻，沃特十分忙碌，无法提供进一步的解释；他背对着我，仔细翻找一大堆抽屉。有时，他抽出了装在一个鼓鼓囊囊的文件夹里的文件和照片。我有些尴尬地坐着，脑子里满是问题。利恩是什么时候来到这里的？她为什么不记得了？另外，这个男人为何因为她才能诞生于世？

最终，沃特找到了那本书，然后递给了我，但他还有其他想要展示给我的东西，因此他走向厨房，向妻子询问了红色文件夹的事情，他认为文件夹应该在抽屉里。

我被独自留在沙发上。他交给我的那本书叫《本讷科姆：犹太人避难地》，书被翻到了第 142 页。我在这一页上看到了一幅眼熟的照片，是 17 岁的利恩。照片旁边配着一小段文字：

168 / 被隔绝的女孩：二战中的荷兰犹太人和地下抵抗运动

在阿尔格梅尔 33 号，与海斯·范拉尔（Gijs van Laar）住在一起的是一个正在躲藏的犹太女孩小利恩。小利恩属于这个家庭，是家庭成员之一。她去的是改革学校。她在战争中活了下来。

除此之外再无其他。

我向前翻了一页，看到前一页的条目上写的是阿尔格梅尔 31 号，即我现在所在的这栋房子。这一页有两张图片，配着更多的文字说明。一张图片上是一个名叫马尔特的 13 岁小女孩，头上别着格子花纹的蝴蝶结。另一张图片上是一个二十多岁的女人，名字是赫斯特·吕本斯（Hester Rubens）。这两个人都是犹太人，都在战争期间住在这里。"越来越多的人藏身在 31 号，"这本书中写道，"但他们的身份不为人知。"

先前有消息说利恩和邻居们待在一起，这个信息则令人十分震惊。在利恩曾经居住的阿尔格梅尔，原来还有其他犹太人藏身于此。如果利恩确实在这栋房子里居住过，与马尔特或者赫斯特·吕本斯相识，那么她或许并不知道她们的真实身份。本讷科姆是一个犹太人避难地——这个事实对我来说是一个巨大的冲击。我一生都在拜访这个村庄，甚至到了现在，虽然我和母亲及其家庭谈论过我正在从事的工作，却没有人向我提过这里的过去。

我一边等待着沃特回来，一边浏览第 140 页，这一页展示的是街道对面的一座房子。我从此得知，那里也有藏身的犹太人。一个男人和一个女人（并非一对）藏在阁楼里生活，只有通过一层卧室假墙后的一个梯子才能爬上去。

再往前翻了翻，我来到了开头处的条目，看到了一个叫贝尔塔·吕德斯（Bertha Ruurds）的当地人，她在战时经常到访阿尔格梅尔，还在这条街上生活过一段时间。贝尔塔用一些小纪念品来表达她对抵抗运动的支持。她在自家花园里种了一些橘色的金盏花，贩卖画着皇室家族的画像和小瓷砖，还负责分发新教的地下报纸《忠诚报》（Trouw）。通过这种方式，她成了一个接触点和消息传播人，她总是迅速地提供帮助。在战争结束、相关文件被发现之后，贝尔塔真实的身份——告密者——才为人所知，她曾受雇于政治警察。因为她泄露的消息，1943 年 9 月 4 日，警察们突袭了阿尔格梅尔 32 号，与范拉尔一家只有一街之隔。32 号的主人被关进监狱，藏身于阁楼之中的所罗门·米歇尔斯（Solomon Micheels）和威廉明娜·拉布夫斯基（Wilhelmina Labzowski）则被找到，被当作"惩罚代表"直接送进了奥斯维辛集中营，两个人都在 9 月底前被杀害。

两个躲藏的地点与利恩曾经居住的地方只有几米的距离。相邻的街道上还有另外六个藏身处。我曾经以为我对荷兰的这个村庄非常了解，但现在，这种感觉突然变了。

事实证明，并不只有阿尔格梅尔和相邻街道怀揣着秘密。至少有 166 个犹太人曾躲藏在本讷科姆这个只有 5000 人左右的村庄里，而 80% 以上的犹太人都活了下来。这与整个国家的情况截然相反。所以，在 1940 年，这个地方为什么表面上没有犹太人呢？

真实原因有两个。这既是伟大之人的成就，也是历史、联系和土地的产物。本讷科姆是一个多山地、森林和简朴农场的地方，就其地形而言，它与荷兰的其他地方截然不同。20 世纪 30 年代，此地以度假地闻名，其他城市的犹太游客纷纷前来。因此，战争来临之后，这里自然而然就成了避难地。这里有许多隐身之处，救助者可通过村子里的租赁别墅、露营地、旅馆和休闲俱乐部等接触点被找到。

当然，救助本身并不能依靠土地，而是取决于人。例如，皮特（Piet）和安娜·斯库（Anna Schoorl）这对夫妇就曾十分喜爱运动和骑摩托车，他们在村庄中心拥有一个食物测试实验室。1942 年 7 月，皮特接到了一个老相识的电话，后者是个来自鹿特丹的商人，名叫莱奥·范莱文（Leo van Leeuwen）。几年之前，即战争开始前，莱奥和他的家人来到这个村庄里度假，他还与皮特一起在当地的乡村俱乐部打网球。他们并不十分亲近，但莱奥眼下十分绝望。莱奥和他的家人刚刚收到了转移至波兰的指令，由于没有其他可能的选择，因此莱奥询问皮特和安娜是否愿意帮助他们，挽救自己女儿的性命。

他们需要立即做出决定。皮特当时正在大城市里跑业务，因此甚至无法咨询妻子的意见。她后来描述道，一个陌生人突然来到她家门前，领着"一个漂亮的金发小女孩，脸颊上还挂着泪珠"。安娜对形势一无所知，实际上也从未故意结识过犹太人，但她可以想象到发生了什么事情。因此，年仅三岁的小埃利纳（Eline）就与斯库家四岁的小女儿挤在一张床上，躲藏起来。

一旦此种联系建立起来，人们之间的关系就加深了。埃利纳的哥哥卡雷尔（Karel）也来到了斯库家，过了一阵子，他们的父母——莱奥及其妻子保利娜（Pauline）也藏到斯库家了。之后，除他们一家人之外，莱奥的堂兄弟及其家人也过来躲藏。对于皮特和安娜来说，这一压力几乎让他们无法承受，尽管如此，他们还是决定做更多的事情。因此，他们将村庄里的实验室改为藏身处，而且通过皮特在做生意时的人际关系，他们号召寻找更多的避难所。此时，许多家庭和失去父母的孩子们都前来本讷科姆，通常只是在实验室地下待一阵子，之后，村里的医生维姆·卡恩（Wim Kan）就会带着他们前往永久定居地。通过此种方式，50多人在斯库家的帮助下幸存下来。

后来，一场搜捕行动来临。通过审讯，大城市的警察得知了斯库家的所作所为，因此突袭了他们的房子。令人惊奇的是，藏身处发挥了其效用，没有人被找到。然而，皮特很快就被逮捕，并被党卫队拘留了7个月。到了此时，一整套网络十分活跃：遍布全村庄的食物供应商、情报员和各处构成的网络确保了藏身处的安全。皮特保守着秘密，当他于1944年5月被释放时，他重返自己的工作岗位。

最终，当盟军登陆失败，党卫队巡查街道、征用住宅时，斯库夫妇用自行车把十几个犹太孩子（因藏身数月而脸色苍白）安全送到了凯琴贝格路（Keijenbergseweg）一个护林人的小屋里。一天之后，那些孩子又从那里被接走，藏身于一个遮盖着大捆稻草的马车里。这些孩子幸存下来，就像得益于斯库家救助的其他孩子一样。

有人可能会认为，皮特和安娜应该会以街道名或雕塑的形式被纪念，但此事并非如此。战后，皮特的业务因在现代食物产业竞争中设备落后而失败了。他在农业学院找到了一份工作，这对于他来说是一个人生的低谷。在这些落魄的日子里，他还受到了抑郁症的困扰。当他于1980年去世时，安娜申请了战争抚恤金，但她的要求被拒绝了。

当我读到安娜的失望时，我因此事与维姆·亨内克（Wim Henneicke）遗孀的故事间的巨大差异而感到震惊。维姆·亨内克是犹太移民中央办公室搜寻部的领导人，这个猎捕犹太人的行动将约 9000 名犹太人送上死路。在战争的最后阶段，亨内克被抵抗运动力量枪毙；后来，他的遗孀获得了每月 200 荷兰盾的补偿金。

沃特走了回来，他找到了红色的文件夹，当我们浏览时，他告诉了我他的父母，以及他们在战争期间所做的工作。他解释说，就在我坐着的这个沙发正下方有一块木板，与地板上的凹槽齐平，因此很难发现。为了挪开这块木板，需要移走家具，然后抬起地毯。打开木板之后，这扇地板门就会通向房子下面的一个地洞。地洞看起来空旷且毫无危险。在搜查的警察看来，这就像一个用来防潮的通风处。不过，如果在黑暗之中匍匐前进，这个浅浅的通道就会通向一堵沙墙，墙后面有一个房间，里面配有家具和电灯，战争期间有一家犹太人藏身于此。

对于我来说，坐在沃特家的沙发上，客厅里的电视还开着，这个世界却突然似乎不一样了：这种秘密生活曾经存在，几乎无人知晓，就在利恩的脚下。我再次翻看了那本书，看到阿尔格梅尔 33 号利恩的条目旁提到了另一个名叫贝茨·恩格尔斯（Bets Engers）的女人，她也藏在范拉尔家里。贝茨·恩格尔斯是谁？利恩没有关于这个人的记忆。这是发生在利恩到来前的事情吗？如果是的话，她在那里待了多久？我再次查看了手机里范拉尔一家的照片，现在想起来照片中还有另外一个与范拉尔一家站在一起的人。那是个年轻的卷发女子，就站在利恩身后。这是贝茨吗？沃特不知道。人们的记忆是选择性的，而且通常无法完全信赖。许多事实已经无可挽回地遗失了。

我和沃特谈论了一会儿他父母的事情，我们一边聊天，一边翻看老照片。他写下了一系列电子邮箱地址，列出了当地历史学会的一些人，他们可能对我的调查有所裨益。之后，随着外面的日光渐渐减弱，我询问他所说的因为利恩才能诞生是什么意思。这部分故事还不清楚。

"噢，"他笑道，"你最好问问我的姐姐，她现在就住在埃德。"

我们一起看了一张照片：一个穿着彼得潘领的十几岁小女孩，手里抱着一个身着洗礼袍、长得像娃娃一样的孩子。照片四周带有花边，看起来华丽而正式。不过，这个女孩的笑容是真实的。

"那就是战争结束后不久的科里和我。"沃特告诉我。

沃特用整洁的印刷体写下了女孩的全名、电话号码和地址，还附上了自己的名片，上面画着阿尔萨斯熊的头像。

"保持联系。"他说道。

我骑上自行车，沿着大卡车道（战时还是一条林中小路）穿过森林，回到了姨妈和姨父的房子。就在这条路的某处，斯库家将一群犹太孩子藏在了护林人的小屋里。

这天早上，我慢跑穿过了盟军空军登陆的地方，之后径直向前，经过了可追溯至4000多年前的古坟。这些森林不再只是孩子们的游乐场。即便是那些树也与我想象中的有所不同。

战争期间，只有一棵很小的松树离这里很近，就在村庄的边缘地带，卡尔滕伍德旅馆的院子里。它看起来与其他树木并无二致，只不过它定期被旅馆主人连根拔起，之后换上新的树木。在地面之下，这棵树与木质的盒式建筑融为一体，建筑本身则是一个秘密房间的入口。

直到 1995 年，年过七旬的莱奥·德拉克（Leo Durlacher）才在著作中叙述了此事。他和他的家人藏身在旅馆后面的一个小屋里。一个由缝纫机马达驱动的警报系统会在警察到来前预先通知他们。如果警报响起，他们四人就会跑向实际是一个秘密入口的那棵树，然后就躲在地下的黑暗之处。他们通过一个与地表相连的手动泵来呼吸空气，还可以在寂静之中听到头上传来的沉重的靴子踩踏声。

我走回家中，给沃特的姐姐科里打了电话。她说自己很愿意和我谈论此事，还半开玩笑地告诉我，我最好快点来，毕竟她已经年过八旬了。

这些见面都让人感觉匆忙急促：在 33 号与玛丽安娜，在 31 号与沃特，现在则是和沃特的姐姐。科里的家就在我姨父工作的办公室的正后面。

我提议第二天上午 10 点见面。

科里答道："那还真是够快的。"

第十八章

第二天早上，我搭着姨父的车来到了埃德，走向了一大片综合设施。这片综合设施由许多新建成的退休公寓组成，公寓有阳台并配备了可容纳轮椅的大型电梯。穿过停车场后，我来到了一个院子里，里面有铺着花纹地砖的人行道和巨大的花坛，花坛里的蝴蝶花在1月的阳光照射下闪闪发光。几拨穿着大衣、戴着帽子的居民正在外面的餐桌旁坐着聊天。指示牌向我指明了通往花园、医疗中心，还有一个名叫"大咖啡店"的时髦公共餐馆的道路。荷兰的老年人生活质量在全球名列前茅，而这个排名可谓荷兰幸福安康生活的一个缩影。

科里的公寓很温暖，各种各样的物件装饰其中。她的个子很高，像她的父亲一样，虽然她提醒我说要快点前来，但她的健康状况看起来很好。将她与沃特向我展示的那张照片里的年轻女性匹配起来并不困难，在那张近70年前的照片里，她手里正抱着自己的小弟弟。公寓里四处是儿孙辈的照片，就在她所坐之处的后面有一张她已过世丈夫的大相片。她的丈夫生前大多数时候都在一家水泥厂里工作。当她在我们的咖啡里倒入香甜的浓缩牛奶时，我突然意识到她让我想起了一个人——我的祖母扬斯·范埃斯。

我向科里展示了一张利恩现在的照片及其他照片。

她用一种非常自豪的语气说道："她长成了一个美丽的女人。"

"利恩在这里的生活很苦，"她继续说道，"他们只让她打扫。那根本就不算生活。"

科里对范拉尔夫人的评判并不正面："她只在乎外表，而且，如果别人可以做事的话，她就什么都不做。"

在她的记忆中，利恩十分纤细和热心，还经常被占便宜——总是在劳作，总是受批评，几乎不被允许外出。

"她真正渴望的是和我们一起居住。我记得当她来到我们家里，晚上和我睡在一起时，她经常这么说。我们家也这么想，不过我们必须和范拉尔一家保持良好的关系，所以这太危险了，无法这么做。"

科里告诉我，当范拉尔一家外出度假时，利恩在他们家借宿了一周多。

她笑着说道："两个爱闲聊的女孩睡在同一个卧室里，你可以想象那样的生活。"

不过，利恩对此没有任何记忆。

在 20 世纪 30 年代的本讷科姆，科里是一个非常开心的少女，她拥有许多强壮的叔伯，可以把她扛到自己的肩膀上，还与她一同玩耍。

"对于他们来说，我就像一个球——被扔来扔去！"

我们查看了婴儿时期的科里与她父母的一张照片。三个人一同坐在菜园子里，他们身后的豆茎在紧密连接、干净整洁的藤架上高高地生长着。她父亲的一双长腿直接伸向了镜头前方。他身穿背带裤，以及一件有些破旧的开领衬衫。她的母亲穿着一条花裙子，握着女儿的手，在明媚的阳光下眯起了眼睛。

图恩·德邦德是一名油漆工。相比之下，他的妻子扬斯就有些体弱，年轻时患过结核病。他们的女儿出生之后，医生就告诉他们二人无法再生育了，因为扬斯的身体禁不住第二次怀孕。这对于夫妇来说是一个重大的损失，对科里来说同样如此，她成长的过程中一直梦想拥有一个弟弟或妹妹。

之后战争爆发了。1939 年，图恩应召入伍，他的妻女则短暂地搬到了鹿特丹。科里还能回忆起在鹿特丹发生的空袭。她记得自己被塞进了大河中的一条驳船里，当他们逃离码头时，燃烧着的沥青掉进了她身边的河水里，发出嘶嘶的响声。

就在国家投降之后，科里和她的母亲返回了本讷科姆。几周之后的一个下午，图恩未打招呼就回到了家中的花园里，身上穿着制服，头发已被剃光。作为战俘被释放之后，他从德国走了回来。他们一家人做的第一件事就是去镇子里为他买了一顶帽子。

过了两年多以后，第一个藏身处才在阿尔格梅尔出现。科里没有被告诉任何事情，不过她还记得房子里的人们。她认为他们站得离窗户太近了，有一次，她还看见他们从卧室里跑到楼下，然后穿过厨房跑到森林里。就在这次事件发生后不久，她的父亲开始在房子下面挖土并铺设电缆。

三岁的小女孩马尔特后来就生活在那里。他们听说，马尔特被一个大家庭的女仆趁乱救了下来，当时这家人的其他成员已经站成一排，遭到逮捕。从照片可以看到，马尔特长着一张圆润的小天使般的脸庞，脸旁是垂下的黑色卷发。格子花纹的蝴蝶结正好别在她头发的正上面，就像米妮一样；她的泡泡袖裙子也和米妮的很相似。马尔特的双眼黝黑而略带伤感。

德邦德夫妇看到她的第一眼就喜欢上了她。图恩将马尔特扛在自己的肩膀上，扬斯则为她唱歌，哄她入睡。这是身为姐姐的科里一直渴望的。德邦德一家在登记办公室为她登记为马尔特·德邦德，因此她在外面跑动也没有危险。

在撤离期间，全家人一起住在埃德的一个鸡笼里，饥寒交迫。不过，他们确保了马尔特有足够的食物。后来，在被解放之后，德邦德一家重新返回本讷科姆已被摧毁的家中，不过那并不重要。他们用了一个夏天的时间重建家园，嬉戏玩耍。

突然，一个女人来了。那是马尔特的母亲，她在战争中幸存下来。

当然，他们理应感到开心。当马尔特——真名是萨里·西蒙斯（Sari Simons）——离开时，他们送给了她一个银手镯。

德邦德夫妇想要在莱顿再见她一次。当时还没有运营的电车或者火车，所以这趟旅程耗费了相当长的时间。科里几乎认不出她了。马尔特的卷发被编成了辫子，科里觉得这些辫子在马尔特的头上编得太紧了。

之后，在马尔特生日那天，他们给她买了一辆自行车，即便当时仍然没有电车或火车，图恩还是一路将它带到了莱顿。

然而，当图恩到达那里时，马尔特和她的母亲已经不再住在那里了。邻居们说，她们已经去了以色列。

科里坐在公寓里的椅子上，看着我，努力控制着自己的声音。

"没说一句告别。我无法理解，你能吗？"她说道。

我无话可说。我环视了一下公寓，现在明白了为什么她让我想起了自己的祖母。这里有与我记忆中的多特相同的装饰物和实用家具的搭配，保持得非常干净整洁。她们两人甚至长相都有些相似：强健的母亲形象，声音洪亮，脸颊红润。她们的经历也十分相近：在农村长大，后来作为工人阶级的母亲加入大家庭之中。

我能理解吗？一个女人，她的丈夫和父母在毒气室里被杀害，回去寻找那个藏身在陌生的小村庄里的孩子，想要尽快离开荷兰，无影无踪？是的，我能。

不过，之后我聆听了很久有关利恩的故事。

马尔特突然离开之后，图恩和扬斯写了许多封信，到处询问并想办法弄清马尔特身上发生了什么事，然而没有得到任何答案。沃特在他阿尔格梅尔的家中向我展示的那个红色文件夹就是那些努力的记录，以及在那之后多年的沉寂。

最终，在扬斯去世很久之后，一封来自耶路撒冷、写于 1983 年 12 月 18 日的信在圣诞节的时候寄来了。

> 亲爱的德邦德先生：
>
> 非常对不起，这么久之后我才回复了你们的信件。我只是不知道该从何说起，一开始我打算用荷兰语写，但现在我觉得用英语写应该更好。我希望你们可以读懂，虽然这是手写的……

马尔特告诉德邦德先生，她现在在一间制药实验室工作，与丈夫过着虔诚的生活，两人育有 5 个孩子——4 个男孩，年龄从 12 岁到 17 岁，还有一个 8 岁的女孩。

> 我有一张照片。我觉得应该是你、你已故的妻子及女儿寄来的。我几乎不记得那些年的时光了，不过我记得那时我过得很快乐。我从未有过挨饿或恐惧的记忆，这都多亏了你

们。我记得自己有许多漂亮的玩偶，比如娃娃，而且我还保存着当我母亲带我离开时，你们送给我的那个银手镯。

她描述了自己母亲的再婚，以及新出生的弟弟妹妹们，还有犹太人大屠杀纪念馆的纪念仪式，仪式还邀请德邦德先生参加。如果德邦德先生能作为嘉宾前往，纪念馆人员将深感荣幸。鉴于德邦德先生付出的一切，这是他们最起码所能做的事情。之后信件以此结尾：

> 奇怪的是，我们来到以色列以后非常孤独，不过感谢上帝，我们现在又是一大家人了。也许这是对已发生之事的某种回应。
>
> 我希望你能看懂我所写的英语，并在收到这封信的时候身体健康。我期待着尽快收到你的回复。
>
> 来自海姆（Haim）的诚挚问候，希望我们能尽快见面。献上我的诸多爱意。
>
> 马尔特

科里对这封信感到有些不舒服。虽然这封邀请信温暖诚挚，但让她的父亲此时出席仪式已经太晚了，而且科里本人在这封信中也几乎没有被提及。只有一个简短的问题提到了她的存在：

> 你们有了一个或更多女儿吗？

这个问题并没有恶意，但马尔特无法得知，这个问题多么难以回答，或者它触发了多大的伤心。

我们在沉默中坐了一会儿，之后我问科里，沃特所说的因为利恩他才能出生是什么意思。科里笑得有些无力。或许，原因更多在于马尔特而不是利恩，虽然她们已经离开，但她们在德邦德夫妇心中已经扎下了根。这些藏身之处带给他们的生活已经找不回来了。每个女孩都被想象成女儿或者姐妹，结果在没怎么道别的情况下就消失了。她们不可能知道，但这些被隔绝的女孩在他们心里留下了大洞。正因如此，虽然医生们告诉过他们危险性，但图恩和扬斯还是冒险尝试去生育另一个孩子。

我再次看回科里抱着她弟弟的那张相片。她看起来兴高采烈的。

"我母亲在床上度过了9个月，非常漫长，她当时非常虚弱，"科里告诉我，"不过之后我们迎来了沃特。"

离开科里家之后，我在姨父办公室短暂停留了一会儿，办公室位于科里家所处街道末端的拐角处，这是一个独栋的律师事务所。我计划在前往阿姆斯特丹拜访利恩之前与姨父吃个午饭。这座底层建筑曾经是一个小型的公共图书馆，建于20世纪70年代，镶嵌着长条玻璃和曲面玻璃。内部摆放着古董家具、一座落地钟和一张沉重的橡木桌子，与明亮朴素的墙壁形成了鲜明对比。办公室的面积并不大，但十分宽敞，当我和姨妈扬·威廉在里面来回走时，我被其布局的荷兰特色深深震撼了。自然光从肌理石膏板上斜射下来，勾勒出一张桌子、一幅画或一把椅子的形状。这让我想起了维米尔①。雕刻在玻璃上

---

① 即约翰内斯·维米尔（Johannes Vermeer），荷兰风俗画家，代表作有《绘画艺术》《戴珍珠耳环的少女》等。

的文字是荷兰宪法的节选，告诉我"在荷兰，所有人都应在平等条件下受到平等待遇"，以及"不得因宗教、信仰、政治观点、种族、性别的不同或其他任何理由而受歧视"。从风格和本质来看，这个办公室代表了这个国家理想中的某种形象。

不过，那是一种选择性的幻觉。当我和扬·威廉坐在一起吃午饭时，我们讨论了荷兰这个国家令人不解的分裂性格。一方面，至少从 19 世纪初开始，当宪法起草的时候，荷兰就足以将自己塑造为一个理想型的社区：无阶级、平和、繁荣，以及国民都有担任公职的同等权利。1864 年，浪漫主义诗人 W. J. 霍夫迪克（W. J. Hofdijk）吹嘘国家的任务是培养"地球上道德最高尚的民族"。另一方面，虽然平等主宰了荷兰国内，但在国外仍然维持着一股残酷的殖民力量，其半数以上的税收都是通过剥削印度尼西亚、荷属安的列斯和苏里南而来的。

在二战结束后的一段时间里，掌控这些殖民地财富的权利意识依然很强烈，当时荷兰政府的主要关注点不是国内事务，而是印度尼西亚，后者在二战期间被日军侵占。虽然荷兰国内已满目疮痍，但政府还是召集了一支军队，依靠从加拿大人那里买来的剩余军事装备，重新夺回了其油井、矿山和种植园。荷兰海军陆战队被派往印尼执行行动。乔·克莱恩，那个在艾瑟尔蒙德携利恩前往抵抗运动藏身处，后来还从新加坡给她写信的年轻人，正是这支部队中的一员。

曾经直面德国人的坦克现在开进了爪哇岛，荷兰近来历史的这种怪异景象进一步延伸——在西里伯斯岛，嫌疑人被带出牢房，在城镇广场中排成一行，被行刑队射杀。年轻的荷兰指挥官雷蒙德·韦斯特林（Raymond Westerling）提醒下属士兵们，他们的任务需要他们在"深至脚踝的鲜血中行进"。1947年2月1日，荷兰部队开始了所谓的村庄"清洗"，随后选择了约364名手无寸铁的村民，射杀他们，摘下他们的手表和首饰，然后把他们的尸体倒进了一个巨大的坟场中。接着，他们的村庄被付之一炬。

扬·威廉从记忆中援引了这些事实。然而，在二战后的荷兰，这些事实从未被提起，也从来没有任何一个士兵因此受审。为了从此种行动——导致至少4000名平民丧生——中恢复过来，就需要一种集体失忆的行为，这就留下了许多像乔·克莱恩未讲述的事情一样的故事。

一个多小时以后，我再次向扬·威廉借了汽车，返回阿姆斯特丹去拜访利恩。我告诉了她我在本讷科姆的发现，尤其是这个小村子的广泛抵抗网络，以及在她曾经居住的那条街道上，还有人藏在她家旁边和对面的房子里。令我惊讶的是，让利恩最兴奋的不是关于邻居们的出人意料的消息，而是她与范拉尔一家居住时自己的记忆得到了确认。

"她证实了我在那里生活得很苦，这一点的意义非常重大。我一直在担心问题出在我自己身上，或者我对他们存有偏见。"

当我们清空桌面时，我有些担忧我们合力完成的这本书。市面上已经有很多关于战争的书籍。利恩微笑着告诉我，重复并不是一件坏事。"还有许多关于爱的歌曲呢。"

第十九章

在其他地方，利恩回忆起了雅室，但在埃德的那个房子里，即她从 1944 年 10 月起开始藏身的地方，她只记得一段楼梯。楼梯十分陡峭，铺着地毯，楼梯底端则是一扇玻璃门，将人从房子里的其他地方分隔开来。利恩可以站在那里，不被察觉地聆听和向外探望。有必要的话，她还可以向上跑进卧室里，脚下没有丝毫声音，让人注意不到自己的存在。

虽然这里的食物微乎其微，利恩终日被困在房子里，但这座房子里的气氛比在本讷科姆的那家好一些。这里几乎有一种假日的氛围。这家人有些像临时住宿于此，较少做家务，规矩也比较少。范拉尔先生的兄弟埃弗特（Evert）是这家的男主人，他进一步助长了这种感觉。即便境况非常艰难，他还是努力使所有人保持欢乐。听到他的笑话时，范拉尔夫人笑了起来，脸也涨红了。

"德国人和一桶屎之间有什么区别？"他大声地问道，泛红的脸上堆满笑容。

"我不知道，我也不想知道。"她回答道，不过还是听着答案。

"桶！唯一的区别就是那个桶！"他的回复震耳欲聋。

他无所忌惮。你可以在房间里感受到他的存在。当范拉尔先生和埃弗特在一起时，前者几乎就像一个小男孩。他们一起玩游戏，比如用茶杯玩传球游戏，或者用毛巾的一个湿角弹对方。亚普也加入了他们的比赛中，他在这里没有像在阿尔格梅尔时那样讨人厌了。当他被捆住，在地板上打滚时，他咯咯直笑。

"我们有的是办法让你开口！"埃弗特伯伯说道，还挠挠他的两肋。

利恩是埃弗特伯伯的最爱。壁炉仅在每天晚上燃烧一个小时，当他们所有人围坐在壁炉旁时，埃弗特伯伯把她抱到自己的膝盖上，称呼她为自己的小朋友。他们一起玩多米诺骨牌。如果埃弗特伯伯输了，他就会暴跳如雷，不过那只是开玩笑。

"你肯定是在自己的牌上涂了额外的点。"他告诉她，把可疑的一张牌拿到了鼻子前面。

他甚至开始舔多米诺骨牌，来看看上面的图案是否会脱落。他的这些行为都有些孩子气，不过还是非常有趣。

他总是热情待人。对于利恩，他通常会揉捏和抓她的胳肢窝。她被逗得开怀大笑，甚至笑得喘不上气来。

在晚上，大人们一般坐在一起聊天，孩子们则玩多米诺骨牌，但在大多数白天里，没有什么大事发生。利恩起床，换上白天穿的衣服（趁机在卧室里享受一会儿独处的时光），然后下楼吃早饭，早饭通常是两片干巴巴的面包。之后，她就只是在房子里逛来逛去。

楼上，距离床边几步之遥的地方是一个不错的阅读角，一个枕头塞在了墙和床之间。这里的书不多，却是她可以读上一遍又一遍、从不厌烦的心爱之书。书中的语言变成了韵律，利恩则完全进入了冒险的世界中，里面充满了陪伴和美丽。天色从破晓的灰色逐渐转向午后的黑暗。

当所有人都外出时，这个房子发出了自己的声音，除非认真聆听，否则难以察觉。洗面台上闹钟的滴答声，管道的杂音，还有利恩头上方的房顶瓦片上，小鸟的爪子轻轻抓动的声音。在一片寂静之中，利恩有时会听到自己身体里发出的声响，即使没人听到，她还是觉得有些难为情。

今天她不是独自在家了，因为埃弗特伯伯在厨房里挪动东西。厨房里传来了家具的刮擦声，金属间互相摩擦的声音，还有他走在地板上时发出的嘎吱声。一旦她沉浸在自己的书中，这些声音就完全消失了。只有当这些声音发生变化时，她才能再次听到。

楼梯尽头门上的玻璃窗格发出了微弱的咯吱声。门闩被拨回了卡槽之中。然后，每踏一步，地毯下的木板就会轻微作响。过了一会儿，已经半开着的卧室门被完全推开了，埃弗特伯伯的脸庞出现在眼前。

"还在看书吗，我的书虫小朋友？"他微笑着说道。

他走了进来，坐在床边，拍拍自己的膝盖。利恩立刻明白了他的意思，虽然并不十分常见，但她还是没有思考就来到了他身边。当她坐下来时，他的身体拱向了利恩。他说了一些她喜欢这样做，以及这样做如何使她成为一个淘气的女孩的话。

利恩有些慌张和困惑不解。

她没有对埃弗特伯伯的行为说什么，甚至不知道他在做什么。她的身体颤抖，冷汗直流。埃弗特伯伯在胳肢她，不过有些不一样了。他的双手没有停下来。她甚至不确定自己有没有拒绝他。她的身体十分僵硬，但他打开了利恩的双腿。然后他的手指伸进了内衣包裹着的利恩的身体里，利恩的身体一痛，鲜血流了出来。

之后，他说利恩是自愿的。

现在，每当房子空无一人时，她都会感到十分害怕。一旦最后一个人离开，她就必须和埃弗特伯伯一起去楼梯底端和门之间的那个空地。在那里，当他们身后的门关上以后，她就必须半裸着站在那里，裙子还在身上，他则解开自己的腰带。当他将自己的阴茎推入她身体里时，利恩感到非常疼痛。有时鲜血还流到了她的腿上。

"你是自愿的。"他一直这么告诉她，到了最后，她几乎相信了他的话。这些强奸是一个秘密，有害且激烈，她深藏于心。

埃弗特·范拉尔有一股看不见的力量。它是如何起作用的，这依旧是一个谜。房子里怎么总是空无一人？为何她现在的位置通常是在他膝盖上？他是个快活的恶霸，擅长让他人屈服于自己的意志。和家里的女人们在一起时，他总是与她们打情骂俏，满是无耻提议，然而与自己的侄子和兄弟在一起时，他则有另一种魅力，以甜言蜜语哄骗和威胁他们。他做出的重击是友好的，只不过有些太用力了。利恩恰好就在中间，在男人们和女人们之间，像公主一样被高高举起，之后像宠物一样坠入谷底。

日子阴郁，一周周、一月月过去，逐渐模糊在一起。利恩几乎看不见任何东西了，只对门和楼梯末端的那个空地愈发熟悉。与此同时，在奈梅亨 20 英里以外，一支 50 万人的军队正在此等待。当春天到来时，1000 门重炮将昼夜不停地轰炸敌人的领土。此时，数千架轰炸机已经蜂拥而至，笼罩着下方的土地。在战争的最后几个月里，这些轰炸机将投下 50 吨左右的炸弹。

在此之中，夜晚里埃德的这座房子仍处在狂欢的边缘：埃弗特伯伯引领的无休无止的随意庆祝活动。他坚称他们都应该有松饼（即使已经没有了鸡蛋、牛奶或黄油），而且他们还以某种方式得到了粗劣纤薄的松饼。他坐在桌边，扬扬得意。作为他的小朋友，利恩也必须拥有一些，所以他切下了松饼的一个尖角，移到了利恩的盘子上。

饥寒交迫的日子还在继续，不过有一天，它突如其来地就结束了：4 月 17 日。首先是炮火，然后是一片寂静，接着远方传来了欢呼雀跃的疯狂轰隆声，听起来像军乐队发出的声音。利恩从上层的窗户里（此前她从未从这里向外看过）俯视着从各自家门中走出的小群男男女女，这些人满面谨慎。就在她正下方，一个站在人行道上的女人开始大喊——歇斯底里，声调极高，不受束缚地放声尖叫。女人站在建筑物之间，大声喊叫，双手举着一幅橘黄色的旗帜。

此刻，每个人都冲了出去，利恩也加入了他们的行列，当她半年来第一次踏上外面的人行道时，周围的人群簇拥着她。再次感受到太阳和天空，让人感觉头晕目眩。在阴天的明亮中，一切都势不可当：店铺招牌上的字母、道路碎石上的斑点、树篱中的深色叶子。她的耳边回响着移动声、喊叫声、人们的哭泣声，她的嘴里则品尝到了新鲜的空气。

利恩和一群孩子奔跑着，跃过路上的碎石，在倒塌的墙边停了下来。在一条小巷中，他们遇到了一个德国士兵的尸体。他面部朝下，倒在圆石上，一条胳膊向前指，头盔则依旧靠一条皮带固定在头上。这些孩子盯着看了一会儿，满脸好奇——有些害怕，不确定这个士兵会不会突然动起来——不过之后一个女孩继续向前走去，轻轻地踢了一下士兵的头侧部。他们在恐惧之中尖叫着向后退，不过之后缓缓地移动了。此时，一个男孩，接着是其他人，鼓起勇气向尸体踢了一脚。当利恩尝试着这么做时，她非常吃惊，她踢的已经死去的士兵竟然如此沉重。

外面的大路上则近乎疯狂。男人们在温暖、阴暗的午后放声歌唱。之后一队队部队穿过其中。看起来他们似乎是来自加拿大的盟军士兵。利恩在拥挤的人群的胳膊之间断断续续地看见了这些士兵。她看到女孩们爬上了坦克，她们的裙子在空中飞扬。空气因烟雾和柴油而变得混浊。最后，当利恩从一条高高的街上走回时，她的视线锁定在一个站在人行道上的女人身上，那个女人的头发刚被剃光，头上露出了亮红色的斑点。

在这一切之中，虽然利恩是狂热的欢庆活动中的一部分，虽然她跑跑跳跳，加入其他人的行列，但她并不明白其中的意味。解放没有任何意义。这是一场庆祝，人们在欢呼雀跃，仅此而已。

1945 年 5 月 5 日，加拿大上将查尔斯·福克斯（Charles Foulkes）与荷兰要塞司令约翰内斯·布拉斯科维茨（Johannes Blaskowitz）在荷兰达成德军停火协议。投降书在瓦赫宁恩（Wageningen）签署，距离本讷科姆只有 3 英里。4 月底，阿道夫·希特勒自杀；5 月 8 日，同盟国一方宣告胜利，欧洲战争正式结束。然而，在欢庆胜利一些天后，对于即将到来的重建工作，荷兰国内的情绪顶多是阴沉的顺从。9 万平民在战争中丧命，8000 名非犹太人在监狱营中死亡，另外还有 2.5 万人饿死。在过去一年的斗争中，人均卡路里消耗量减少了一半多；8％的土地因德军撤退而淹没并浸于水下；此外，系统性的劫掠意味着荷兰遭受的经济打击比其他西方被占领国家的更加严重。

这种国家层面上的荒废确实从某些方面解释了本国幸存下来的犹太人所遭受的悲惨待遇。1.6 万名犹太人从藏身处现身，在东部，还有 5000 人在集中营中活了下来。其他国家——如法国和比利时——已经在 1944 年大部分获得解放，以更快的速度提供援助，帮助运送犹太人回家。荷兰的遣返部队只拥有 2 辆雇用的摩托车和 4 辆小型货车，几乎无能为力。大多数荷兰国民都需要靠自己的力量挣扎着回家。

近 50 万荷兰人被困在国境外（大部分是在德国的劳动营里），还有另外约 33 万人是国内的难民，从伦敦归来的流亡政府一直竭尽全力、满怀善意地为幸存下来的犹太人提供足够的帮助。

然而，并没有善意的象征。政府没有做出声明，更别提特殊安排了。当这个问题被提出来时，荷兰的大臣们坚称犹太人应该得到和其他人一样的待遇。他们订购了大量的赞美诗集、祈祷书、《圣经》甚至圣餐杯，希望能给难民们带来精神上的抚慰，却没有看到此点与犹太人所受的待遇之间的矛盾。

绝大多数返回荷兰的犹太幸存者发现他们的归国经历给自己带来了精神创伤。当他们抵达国境时，他们遭遇了一大群毫无组织，却配备武器、身着混搭制服的国防军，因为政府害怕外国人，尤其是共产主义者涌入国内，他们可能会破坏这个国家的稳定。

迪尔克·德卢斯（Dirk de Loos）后来叙述道，他和其他犹太人共同乘坐的大巴从达豪来到了国境线，虽然他们操着纯正的荷兰口音，但当局不为所动，还是因他们缺少材料而将他们逮捕了。他们被喷洒 DDT 粉末消毒，之后被送到了奈梅亨的拘留营，10 天后，迪尔克设法逃离了那里。然而，当他抵达在莱顿的家时，他再次被荷兰警方逮捕并送回，荷兰警方如往常一样令行禁止。

迪尔克的经历并非特例。韦斯特博克的中转营里有 10 万多名从奥斯维辛被运送至此的人，在战争结束后，500 多名注定要被灭绝的犹太人幸存下来，在这里被关押了数月之久。他们与 1 万多名刚被逮捕的荷兰法西斯分子一同待在此处，后者正是想把犹太人送上绝路的人。当这些犹太人最终被释放时，他们的境况基本没有改善。犹太人的财产已经被掠夺，他们原来的房子已经被新来者占据，在某些情况中，当局甚至还要求犹太人为他们多年来在集中营里产生的费用交税。

在一定程度上，这些经历可以归咎于战后初期的混乱局势，但在解放后的最初几个月里，也有迹象表明，荷兰民众中的反犹太主义发挥了重要作用。荷兰一度代表了包容的避风港。在荷兰生活的犹太历史学家优素福·卡普兰（Yosef Kaplan）在荷兰共和国的整个历史中（即 1581 年到 1795 年）都找不到迫害犹太人的重大事件。然而，到了 19 世纪，一个卑鄙无耻、口音浓重的犹太骗子的刻板印象确实出现在了国家文化中，从东方来的移民进一步加强了这种印象。部分得益于国际上犹太复国主义的兴起，犹太人并不完全是荷兰人的看法浮出水面。之后，随着纳粹势力掌控德国，3.5 万名外国犹太人逃至荷兰，荷兰政府则以限制移民和抓捕进集中营作为回应。社会上广泛流传着有关犹太共产主义者、犹太商人，以及犹太人可能会摧毁一个美味餐馆或一家好俱乐部的言论。

虽然荷兰国内的法西斯政党得票率从未超过4%，但对于战时的纳粹宣传者来说，他们还有一些事需要费心，这一点在1945年十分明显。一些抵抗运动小报的民族主义丝毫没有包容之心。例如，《誓言报》（*Het Parool*）就警告犹太人不要在解放后把大众的注意力转移到自己身上，还对犹太人在面对德国威胁时离开自己职位的行为表示了批评。另一份小报《爱国者》（*The Patriot*）写道，犹太人需要心怀感激，因为荷兰的抵抗运动拯救了他们，而"更好的人可能为此牺牲"。大众杂志上还有关于犹太人的笑话。在许多份报纸的读者来信页面上，一些读者抱怨称，现在战争已经结束了，犹太人将东山再起。一个政府办公室甚至决定不返聘犹太工人，因为业务中针对他们的大众情绪非常消极，雇用犹太人的话其他人的工作效率可能不高。与此同时，司法大臣致信犹太宗教联盟（刚被排除在国家教会委员会之外，因为其成员数量大幅减少），询问他们是否可以接纳正被快速释放的12万多名荷兰通敌者。虽然犹太人大屠杀的事实在媒体口中得到了简单的承认，但它很快就被避而不谈，因为过于恐怖，最终难以对其进行深思。不出预料，战后10年里，离开荷兰的犹太移民的增长速度远远快于比利时和法国。

1945年4月，对于战争已经结束一事，身处埃德的利恩并没有强烈的感受。她只是等待着其他人的决定。不过，几天后，范拉尔一家动身前往本讷科姆，能够从埃弗特伯伯身边逃离还是一个巨大的安慰。老路上现在满是在他们前面行进的航脏的绿色货车，上面搭载着用手指比"V"的士兵们。当他们抵达 33 号时，他们发现房屋毫发未伤。虽然他们隔壁的德邦德一家被洗劫一空，地板被拆毁，但地板下的腌黄瓜罐子还整齐地排列着，像以前一样摆在地下室的架子上。范拉尔夫人很快开始指挥清扫工作。利恩再次用毛巾和抹布进行打扫，她擦亮了雅室橱柜上的木头，生活重新步入正轨。

没有人提出或回答问题，无论是在家里，还是在教堂或学校。没有人提到她父母身上发生了什么事情，接下来的几个月也同样如此，但在某个地方，不知怎的，他们永远不在了的想法就扎根于利恩的意识中了。海牙的妈妈、爸爸、祖父母、姑妈姑父、兄弟姐妹、朋友们的整个世界已经消失，再也没有重现，甚至在她的脑海里也是如此。

利恩重新装饰了自己的小卧室，包括门上的玻璃窗格。星期日有祈祷和《圣经》学习；每天晚饭后，她再次高声朗读了使徒们的行为和《旧约全书》里国王们的苦难。她重返学校，老师们注意到她的功课落下了。利恩收到了额外的数学和历史课作业，她在下午较晚的时候坐在床上写完，身上半搭着被子。她听到了隔壁花园中马尔特的声音。利恩现在更常去德邦德家了，那里更加自由，她也拥有科里这个友善的伙伴。一个月过去了，街道上通往村庄的地方摆放着几块厚木板，男人们开始以此修复他们受损的房屋。他们的水泥搅拌车停放在那里准备就绪，搅拌车出料口沾了一圈脆性岩石。

在本讷科姆，生活像往常一样继续；当利恩听到街道上传来的摩托车声响时，已经是初夏了。她在自己的房间里忙碌着，甚至都没有留意此事。过了一会儿，当门铃响起，范拉尔夫人应门时，利恩才注意到。

"小利恩，"范拉尔夫人叫道，"是找你的。"她的嗓音不带感情，她已经准备回到厨房了，当利恩从自己的房间出来时，大门已经关上了。

利恩走到了下方的楼梯上，从来者的鞋子和裤子她才看出此人是谁。她的心脏停了下来，因为那是埃弗特·范拉尔。她即使敢发声，也没有可以寻求帮助的对象，她的整个身体似乎立刻凝固了，畏惧不前。埃弗特伯伯向前走来，抬头看着她，眨了眨眼，透过开着的门指了指路上的摩托车。

如果你闭上眼睛，那么可能就不会发生什么。她的手指紧紧地握着钢制的摩托车车把，感受到贴在她光裸的双腿上引擎释放的热量。他们来到森林后，地面起伏不平，热气向她袭来，他加速驶过时引擎发出了巨大的轰鸣声。她竭尽全力让自己保持麻木，但她在早先感受到的麻木却始终不来。

林下灌木丛深处停放着一辆老旧的吉普车，悬挂在树冠上，底部卡在灌木丛中。他直直地开向那辆车。她十分确定，他是早有预谋的。他把摩托车停靠在一大堆废弃轮胎旁。她依旧坐在摩托车上，紧闭双眼，嗅到了一股发动机机油的刺鼻气味，里面还掺杂着湿漉漉的菌类和树叶的味道。当她眨了一下眼睛后，她看见吉普车的挡风玻璃上泛着青苔的光泽。轮拱罩后面就有一级台阶，埃弗特伯伯缓缓地开口了。他对她说："你是自愿的。"

再一次，没有人提出或回答问题，而且，在这次之后，他定期骑着摩托车前来拜访，就像去学校或教堂一样。用范拉尔夫妇的话来说，埃弗特伯伯和利恩拥有一份"特殊的友情"。他们似乎不会对埃弗特前来接利恩感到奇怪，或者说，如果觉得奇怪，也会将这种怪异感归到利恩身上。

夏去秋来，利恩 12 岁了。森林里没有了浓密的绿叶遮挡，显得更加明亮。脚下则寒冷潮湿。他们经常前往的那辆老旧吉普车开始像周围的树叶一样枯萎老朽。它的车前灯上蒙了一层雾气，灰暗且浑浊不清。随着日光逐渐消失，利恩的自我意识也在不断减弱。她变得更加沉默，胆战心惊，仿佛一只被深深伤害的小动物。

之后，在 9 月中旬，突然来了一个不同的访客。利恩站在楼梯顶端向下看，几乎难以置信。赫洛马夫人回来了！

图克·赫洛马一看到利恩，就不由自主地向前走去，她绕过范拉尔夫人进入房子里。她走到楼梯底处，伸手抓住了利恩的肩膀。

"小利恩，看到你太高兴了！"她说道。

一个小时后，两个人坐在阳光沐浴下的长椅上，看向荒野。她们打算谈论一些严肃的事情，利恩也应该说说她认为最好的事。

首先，赫洛马夫人询问了她的健康和学校功课状况。每当利恩回答时，赫洛马夫人就会停下来在本子上做记录。有时，她就静静地坐一会儿，思考着，手里握着笔。之后，当所有问题都问完后，赫洛马夫人将笔记本放到身旁，看着一排树木，然后转过头来，若有所思地看着利恩。

赫洛马夫人说，范拉尔一家已经照顾了利恩很长一段时间。范拉尔家并不是一个大家庭，但家里有一个空余的卧室，而且直到现在，亚普几乎就像利恩的弟弟了。当然，弟弟可能会招人烦，有时姐弟之间也会爆发争吵，但本讷科姆是一座不错的村庄，范拉尔夫妇也乐意让她留下来。她可以作为家中的女佣，通过为家里做家务来养活自己。她可以继续上学，她的学业似乎还不错。利恩对此怎么想？

利恩透过长椅上的板条，向下盯着地面。

利恩怎么想？

她对于这样的问题有些不习惯。利恩的眼睛紧盯着薄条状的土壤和黄色的草地。

"我不想待在这里。"她说道，几乎是自言自语。

"那么你想怎么样？"

只有到了此时，她才有了答案。

"我想去范埃斯家。"利恩坚定地回答道，然后抬起头来，眯着眼看下落的午后太阳。

既然话已经说出来了，利恩就可以看到它们：兔管街上的房子，朋友克斯、阿里、小玛丽安娜，还有姨妈的厨房。那是她可以想象自己唯一能够再次当一个孩子的地方。

当然，这些事情不能迅速整理完成。赫洛马夫人必须返回多德雷赫特，去看看如何安排相关事宜。利恩等待了长长的一周，其间兔管街在她的脑海中不断浮现。她想和安妮·穆克霍克一起游泳，就像以前那样，或者去拜访街道对面的邻居德布鲁因夫人。随着日子一天天过去，那个世界的存在变得越来越急迫。她非常害怕埃弗特伯伯的到来，她已经有很长一段时间没有这样害怕过了。

终于，星期六，赫洛马夫人来了。利恩无法咽下早饭，当门铃响起时，一股电流直抵她的心脏。赫洛马夫人站在门阶处，正在和范拉尔夫人相谈甚欢。她微笑着向利恩挥手，但没有同她说话。之后，赫洛马夫人来到了雅室，和大人们私下谈话，利恩则必须回到楼上。利恩在自己的卧室中焦躁不安地等待着，不过最终还是被叫了下来。"现在，我和小利恩要出去走走。"赫洛马夫人轻快地说道，牵着利恩的手走了出去。

之后，两人沿着街边散步，赫洛马夫人开始说话。利恩花了一会儿工夫才明白了赫洛马夫人的意思。范埃斯一家安然无恙，他们也向利恩送来了最温暖的祝福。此刻他们非常繁忙，因为姨妈怀孕了，全家刚刚搬到了一栋新房子里。亨克姨父现在有了一份不同的工作，他管理着全市的住房。这是一份非常重要的工作，许多人需要他的帮助。此外，他在战争期间与德国人战斗，后来被送进了监狱里，这导致他现在的身体状况依然不是很好。而且，多德雷赫特现在并不是一个非常理想的地方，因为轰炸给这座城市带来了巨大的损伤。城市里没有了桥梁，人们依旧饿着肚子，还经常没有供暖。电力系统也经常无法正常工作。这些都意味着此刻利恩无法前去与范埃斯一家居住。

这对她来说不可行，当利恩试着去理解这一点时，她的呼吸停滞了。图克·赫洛马伸出手来安慰她，不过这已经太晚了。利恩的心里裂开了一条大缝，她茫然地盯着虚空，惊恐不安，她的嘴有些扭曲了。她仿佛已经坠入了大地的中心。

图克·赫洛马非常害怕。

"小利恩，我会再问问的。"她说道，但利恩很长一段时间内都听不到任何声音，震惊与哀伤吞噬了她。

我回到利恩在阿姆斯特丹的公寓时，时间刚过 7 点。录音机里，利恩说到此时的事情时有些结结巴巴的，但她的犹豫与其说是出于感情，不如说是出于想把事情说清楚的意愿。

"他们不想要我的消息传来了……她回来告诉我，事情无法如愿进行……我听到后感到一阵眩晕。"

她沉默了很久。

"我无法相信。我曾经完全指望着这件事，把自己的全部希望压在了上面。我曾经把它当作唯一的出路。"

在静默之中，我问自己，是什么让我的祖父母给出了这样的回复。利恩离开后，祖父母一家又庇护了另外两个犹太孩子，后来他们都回到了自己的家里。也许我的祖父母认为这是应该为利恩做的事情？他们自己也处于巨大的压力之下，而且他们已经付出了许多。同样正确的是，相隔如此之远，我无法知道他们究竟被问了怎样的问题，或者他们给出了怎样确切的回答。当图克第二次询问时，他们给出了肯定的回答，并且是欣然答应。

尽管如此，第一次的回复还是毁坏了某些珍贵之物。它毁坏了某种确定无疑的归属感，而这也许是我祖父母给予利恩最宝贵的礼物。

过了不久，利恩最后一次站在了阿尔格梅尔 33 号的门阶处。门外的道路上停着一辆突突响的汽车，赫洛马夫妇坐在车里等着她。这是一场尴尬的告别。

当利恩安静地说了再见，准备离开时，范拉尔夫人递给了她一个未封口的白色信封，里面有四张照片。

范拉尔夫人说道："留着照片，别忘了我们。"

汽车在路边等待，利恩则简单地浏览了这几张不平整的照片。

第一张是她自己。这是几个月前在摄影工作室拍摄的，照片展现了一个漂亮的小姑娘，她身后是一段美丽的螺旋式楼梯。利恩身穿白色的及膝袜和一件深色的水手服裙子，在照相机前看起来直挺挺的，唇边露出一丝微笑，头上还别着一个少女般的格子花纹蝴蝶结。然而，照片上的景象并不是真实的。如果你往下看地板，你就能看到摄影师布置的背景幕布的边缘。大理石和锻铁楼梯不过是幻象，拉动绳索就可以轻松换上其他布景。

图 24

第二张照片就是她和范拉尔一家站在房屋前的那张，是在约两年前拍摄的，当时她刚来到本讷科姆。她在那张照片里看起来比现在年幼很多。

之后是两张护照上的相片，一张是范拉尔先生，另一张是范拉尔夫人。他们都凝视着摄影师的左肩。范拉尔先生的头发用 Brylcreem 发蜡高高地固定起来，脸颊上还冒出了一些胡须茬，身着紧身正装的他看起来有些不太舒服。他的妻子则看起来朴实无华，牙齿轻抵在下唇上。

他们看起来不太高兴。

图 25   图 26

现在利恩就要离开了，这些人似乎有些可怜，他们按照指示移开视线，并竭尽全力地遵从指引。

对于利恩来说，她的生活即将从乡村转向城市，从旧式的宗教变成全新的社会主义理想。这是一段漫长的旅程，但开车的赫洛马医生将其变成了冒险之旅。每个误导性的路标或破损的渡船都是一次挑战。他向利恩展示了他们正在前行的路径，当道路突然受阻时，他还会让利恩一同讨论路线。雨水滴落在挡风玻璃上时，她和赫洛马夫妇躲在小小的汽车里，到了午饭时间就在路边临时停车处停下，享用腌牛肉三明治。饭后继续上路。当他们穿越这个国家时，路上几乎没有汽车，大部分都是挣扎前行的骑自行车的人。利恩透过雾气看到了外面桥梁的残骸，赫洛马医生告诉她，在战争的最后几个月，这些桥梁被德军切断，钢材被运送到了德国。

他们到达多德雷赫特的时候已经是黄昏了。她第一次瞥见范埃斯在弗雷德里克街（Frederikstraat）的新家时所留下的印象就永远留在了脑海里。许多人拥挤在大门周围。他们或者是想要寻求住房方面的帮助，或者是向亨克姨父询问看法的记者。赫洛马夫人以其一贯的镇定直接穿过了人群。然后，脸颊圆润且泛红的姨妈就站在玄关处，在暖光的照射下，她看起来很疲惫，不过还算安好。利恩跨过了前门，嗅到了令人安心的烹饪、洗衣、烟草和人们的味道。姨妈温柔地环抱住她。"小利恩，"她说道，"你回家了！"

接着，整个家里的人们都冲过来拥抱她。她受到了宠爱和赞扬。"利恩！""小利恩！""利恩在这里！"克斯站得比她高一个头，有些难为情地睁大了眼睛。玛丽安娜则暂时有点羞怯，缩在姐姐阿里的怀里，然后颇为大胆地转向姐姐问道："你打算去哪里睡觉？"甚至姨父也向她走来，他瘦削且有些紧张，袖子挽起，领带松垮垮地系着。

"我们都非常开心你能回来。"他说道，眼睛注视着利恩。

这个房子虽然只比范拉尔家的房子大一点，却比兔管街的房屋面积大了一倍多。这座房子里有一个用厚重窗帘分隔开的日光室，有一个陡峭的盘旋楼梯，一层还有一个对着街道的阳台。姨妈回到厨房中继续忙碌，亨克姨父则立即走回高挑的客厅里，被男人们和记者们团团围住，继续与他们讨论。一切都与以往不同了，却依旧让人觉得熟悉。邻居们过来串门闲聊，各个年龄段的孩子们则四处乱跑。

晚饭时，阿里盛出了豌豆汤，姨妈则紧随其后，手里拿着一块摆放着切片香肠的砧板。她用自己的餐刀给每个碗里拨了一些。很明显，此时还没有许多食物来供应全家，不过，轮到利恩时，姨妈问利恩是否想要一些香肠，利恩点了点头，于是姨妈给了她别人两倍的分量。接着就是罕见物布丁，那是为利恩特别制作的。

吃完晚饭后，利恩走到漆黑的外面，空气凛冽，孩子们正在玩耍。她没有加入其中，而是只走了一会儿，房子始终在她的视线之内。兔管街，那条三年多以前她第一次到多德雷赫特时来的街道，就在步行不到十分钟距离的地方，却已经淡出了她的想象之外。她再也见不到自己的老朋友安妮·穆克霍克了。

明天，她将前往一所新学校，还会结识新邻居。这种感觉很奇怪，与多德雷赫特有所关联，半分熟悉，半分崭新。身处其中，她觉得有些头晕目眩，仿佛很疲倦似的。

她走回家，夜里的这座房子已经安静下来。电力系统已经停止运行了，这在此时的多德雷赫特时有发生，房屋里只有几点亮光。在油灯的光环下，姨父正俯身看着一叠文件。姨妈坐在他身边织衣服，对利恩说了一声古老的晚安语"trusten"，这个词曾经在利恩听来十分古怪，现在却让她感到心安。

阿里走在利恩前面上了楼梯，手里护着蜡烛，走进了现在她们共同使用的房间。卧室在黄色火焰的微弱光芒下显得温暖舒适。有两扇门通往阳台，三张床并排摆放在一起。

"那是你的，"阿里说道，她指向最远端的一张床，"不过如果你愿意的话，我们也可以换。"

但利恩相当开心。她的毯子上放着一堆两年多前她离开时留下的东西：一些书、钢笔和铅笔，还有一个毛绒玩偶。利恩早已忘了它们，它们现在则像是送给利恩的新礼物了。尽管如此，当利恩触碰每一个物件时，它们都会引发她的回忆，仿佛一闪而过的火光。之后她还看到了自己的诗集，在微弱的光亮下，"不要忘记我"的封面上显露出蓝灰色。利恩站在那里，静静地拿着诗集，过了一会儿，她把合上的诗集放在了自己床边的架子上。

2015 年的阿姆斯特丹，数字式录音机已经持续不断地运行了近两个小时。

利恩问道："我们要不要吃点东西？"

我点了点头，从座位上离开。现在已经相当晚了。

厨房里，当利恩开始忙碌时，在油烟机的光线下，蒸汽很快袅袅升起。20 分钟后，我们重新回到了餐桌旁，这时桌上摆满了食物。桌子上有一个水罐，里面有柠檬片，表层还泛着银色的气泡。当我们坐在灯光之下时，我觉得自己仿佛与父母或姨妈姨父在一起。不过，这很奇怪，因为我们此刻谈论的话题并不是家庭关系，恰好与之相反，是 20 世纪 80 年代初期利恩与范埃斯一家的关系断绝。

吃完饭之后，利恩提议一起看看她在犹太人大屠杀基金会所做证言的录像。我们坐在她的桌边，用她的电脑观看。利恩点击图标，一秒之后，我们就看到了 20 年前的她。当时她坐在位于艾恩德霍芬（Eindhoven）家中的一把红色椅子上，这把椅子现在则放在她的客厅里。

虽然屏幕里的她更加年轻，但不如我现在认识的她富有活力。她肩负着重担，眼中显露出疲惫之色。她以一种平实、谨慎、就事论事的口吻开始在摄像机前陈述。首先是她自己的名字，然后是她父母的名字，之后她回答了采访者的问题。这场叙述就以这种方式持续了一个小时。但没有故事、没有家庭、没有生活。

坐在我身边的利恩对以前自己的看法有异议。她有时会对以前的说法做小调整，甚至在觉得自己过分正式时哈哈大笑。她就像个坐在教室后面品头论足的小孩。

DVD 录像结束了，我们看到了采访最后一刻凝固的画面。此时已过了半夜，房间里和外面的城市一片寂静。

"我该走了，"我说道，"我想明天再去多德雷赫特一趟。"

几分钟后，我在黑暗中感受到自己的视野非常清晰。对于我来说，我此前从未如此深入地了解一个人，从其最早的记忆，直到内心活动细微且私密的细节。对我来说，12 岁时回到弗雷德里克街我祖父母家中的利恩相当真实。我觉得自己对她的了解胜过了对我自身的了解。

不过之后，我也知道这只是一种幻觉，只有一个故事才能带来这种幻觉。作为一个在享有特权及和平稳定的世界中成长起来的人，我怎么能理解一个遭遇了二战的女孩的经历呢？我怎么能明白生活在完全孤立中、完全失去自我的孩子的感受呢？一个人的经历又该有多么深刻呢？

后来，当我驾驶着小汽车在夜色中驶向本讷科姆时，我突然被一个令人困惑且荒谬的认知震撼。它像一股震颤一般袭击了我，正是那种当我在拥挤人群中丢失了年幼儿子时所感到的冲击。当我看到 12 岁被深深伤害的利恩时，我从中看到了自己的继女乔茜（虽然我从未称她为继女）12 岁时的样子——倔强、隔绝、执拗。

这并不合理，因为她们的情况截然不同，但一闪而过的过去（乔茜曾经自甘堕落、暴躁易怒、不顾一切，而且肆无忌惮）仿佛给了我的大脑一记重击。

当我沿着高速公路向前行驶时，我似乎看到了 16 岁时的乔茜，她站在私人车道的碎石上，似乎永远离开了家。接着，我想起了她曾经住过的许多糟糕的地方，还有肮脏的公用厨房和面对砖墙的窗户。

自我辩解在我的心中升起：她想要离开，她说自己痛恨家庭，无法控制。我当然不是不通情达理吧？我并没有恶意。每一次，每到一个新地方，我就会为她制作同样的架子，然后看着同样的一些照片（其中一张是她在剑桥的发小）从纸盒里出来。我们每个月都给她汇钱。我们在餐馆里见面。我偶尔会留下一些无人回复的电话留言或信息。

但事实是，我不想让她在家，我也不了解她。事实是，有的时候我想让她远离我的生活。

在那些糟糕的日子里，当我们的女儿似乎已经消失在我们的生活里时，我的妻子安妮·玛丽（Anne Marie）睡觉时总是时睡时醒，手机一直放在枕边。有时她会在夜深人静的时候出门。每天她都会给女儿打电话，即便没人接听。妻子说，乔茜知道自己是被爱着的这件事非常重要。我却很少给她打电话，经常数月都见不到她或收不到她的来信。

之后，我想到了我祖母给利恩寄去的那封断绝关系的信件，在此之后，两人再无见面。我会给乔茜寄去这样一封信吗？当我想到仅在数周之前，我和乔茜还在这条高速公路上一同驾车，我就觉得这似乎难以想象。那时我们非常亲密，全家人团聚在一起，伴随着路上的轰鸣声，感到平静。我还记得，在那趟旅程中，我试着告诉乔茜利恩的故事的起始，当时我喉头一紧，难以开口。我们有可能失去对方吗？我不得不承认，很有可能。

当我抵达本讷科姆时，那座房子非常安静。小狗们轻快地跑动着，舔了舔我伸出来的手。我在床上躺了几个小时，难以入睡，到了凌晨 3 点，我拿起了手机。我给乔茜发送了一条短信，只是说道"我爱你"。

第二十章

第二天一早，我乘坐火车前往多德雷赫特。我在火车上研究了一份档案，上面叙述了利恩在1945年9月末回到我祖父母家后的生活，一直持续到1947年11月25日此报告完成时。一个名叫"儿童援助"（Le-Ezrath Ha-Jeled，希伯来语）的组织收集了这些资料，该组织在战后推动了犹太孤儿的福利事业发展。我昨晚离开时，利恩给了我这捆档案。在安静的火车车厢里，我在带有斑点的蓝色塑料桌上摊开了松垮垮的纸张，总共有大约30张，然后按照顺序摆放它们。档案里有会议报告、通信记录、家庭房间叙述，以及有关人士的总结。附录里还有各种各样的信件，包括一封范拉尔先生的来信，他认为利恩现在生活在英国或巴勒斯坦。他在信里要求偿还他为利恩支付的一些看牙费用。

"儿童援助"组织成立于1945年，其宗旨是应对在大屠杀中幸存下来的那些荷兰孩子的情况。战争结束后，那些曾经被抵抗运动人士拯救的犹太孩子被暂停送回其原来的家庭，不仅仅是简单地通过个人行动，更是通过荷兰政府支持的政策来落实。早在1944年9月，加尔文宗教徒、抵抗运动领袖格斯纳·范德莫伦（Gesina van der Molen）就已经开始印刷传单，指示其组织网络中的成员（他们已经救了约80个孩子），如果他们的父母要认领自己的孩子，就要照看好收留的孩子们。她声称，他们将自己的孩子交给了抵抗组织，就意味着他们自身失去了身为父母的权利。之后，在 1945 年 8 月 13 日，当政府建立"战争收养儿童委员会"（OPK）时，格斯纳·范德莫伦被任命为主席。

战争收养儿童委员会的犹太成员很少，致力于所谓的以儿童为中心的政策。这意味着在战争中幸存下来的 4000 个左右犹太儿童的案件将被单独处理。在委员会看来，如果他们的最大利益要通过把孩子们留在养父母身边才能达成，那么就应该如此，即便孩子们的家庭成员（可能还包括其父母）还活着。

委员会成立 17 天后，在战争中躲藏并幸存下来的亚伯拉罕·德容（Abraham de Jong）组建了"儿童援助"组织。其目的是对抗战争收养儿童委员会的权力。

多亏了美国犹太人联合分配委员会的资金支持，德容的"儿童援助"组织迅速将自己打造成一个严肃且专业的机构。1946 年 4 月，该组织有 30 名工作人员；到了 9 月，数字上升到 52 人。其中包括社工、调查员、看护员和活动家。尽管遭到了格斯纳·范德莫伦的战争收养儿童委员会的强烈反对，"儿童援助"组织的工作人员还是很快开始对犹太儿童的境遇进行了调查。关于利恩的报告就是其成果之一。

与战争收养儿童委员会截然相反，"儿童援助"组织希望，如果可能的话（甚至会违背孤儿们的意愿），将尽全力把孩子们归还到他们原本的文化中。为了达到这个目的，他们要追寻其生存下来的亲属的踪迹，如果找不到，就寻找愿意收养儿童的犹太夫妇。在利恩的案例中，这两种选择都被加以考虑。她曾经是一个大家庭的一分子，不过，档案显示那个家庭中只有两个大人活到了 1945 年。

人们会很自然地认为，利恩会在一个很特殊的时刻发现自己的父母已经被杀害。然而，她的这种意识是逐渐形成的，并且延续了很长一段时间。早在 1942 年 12 月，当利恩在手中转着两枚戒指，直到它们都掉在了兔管街家中的地板下，利恩就已经与她的父母以某种方式告别了。之后，她封闭了脑海中有关他们的记忆。在某种程度上，对于这个 9 岁的小女孩来说，他们不再像真实人物一般存在，无论是在现在还是过去。战争结束后，有关她父母的话题依旧没有被提起，这就确定了他们已经遇害的事实，不过这个事实仍然遥远且抽象，太骇人听闻，以至于无法将其当作真实事件来深思。这种恐怖是很难想象的。利恩在脑海中重现这些事情，将要花上数十年的时间。最终，当她能够再次回忆起自己的父母时，那给她精神上带来的冲击将是非常深刻的。

最后一个见到利恩母亲的人是萝扎（Roza）舅妈（当时她和利恩母亲一起坐上了前往波兰的牲畜运输车），她在"儿童援助"组织的报告中占据了重要的地位。萝扎舅妈的丈夫已经过世。在利恩回到多德雷赫特之后，她几乎立刻就来看望自己的外甥女，还（在去海牙的一天行程中）在利恩的诗集上留下了一首诗，日期是 1945 年 11 月 24 日。这是两年半多以来的诗集上的第一条记录：

　　亲爱的小利恩：
　　　　我希望你在生活里遇到
　　　　健康、繁荣，以及甜蜜，
　　　　在所有人之中，

我希望你最能享有这些。

如果你一直可爱真实，

我相信它们都会来你身旁

因为善良的人一定会发现

其他人也会报之以李。

所以要一直相信你的好运气

那样你就不会失败。

非常爱你的萝扎舅妈

字迹有些模糊不清，纸还有点皱皱巴巴的，不过比起这些，我更好奇这首诗里是否有许多私人的意味。很难这样去想。萝扎

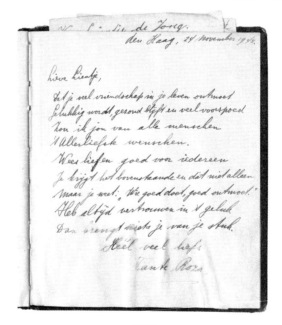

图 27

舅妈对她外甥女的祝福当然是温暖美好的，但在过去的五年里，没有什么能支持"其他人也会报之以李"这种观点。能在奥斯维辛活下来确实是她的"运气"使然，但她在约瑟夫·门格勒（Josef Mengele）的医学实验中付出了巨大的代价，她遭遇了许多悲惨的事情，最严重的是再也无法生育了。20 世纪 30 年代，利恩全家来到斯海弗宁恩的海滩玩耍。在那张集体照上，身穿白色泳装的萝扎舅妈站在正中间，手里拿着一个排球。十多年后，这张照片中 23 个健康的年轻男女，只有她一人活了下来。

到了 1947 年，当档案完成时，萝扎·斯皮罗已经离开了这个国家，先去了印度尼西亚，后来到了美国。在利恩的记忆中，她是一个天赋异禀、充满魅力、信念坚定的人。当她们第一次重聚时，萝扎舅妈不同意她外甥女穿着"社会主义青年俱乐部"的制服，于是就带利恩去买她所称的"有魅力"的衣服。利恩顺从地答应了。在空荡荡的商场里，她记得舅妈撞倒了一个展示架，上面的小瓶子散落一地，摔得粉碎。气味非常浓烈。不过，不像利恩那样非常尴尬，萝扎舅妈责备了服务人员，说他们应该在摆放商品时更加小心一点。"儿童援助"组织的报告在结论处对这个精神受过创伤女人的评价非常冷漠，她被贴上了"浅薄的波希米亚人"的标签。不过，她不适合照顾孩子的结论可能是正确的。

委员会对利恩的另一个成年亲属——埃迪（Eddie）叔叔也不太看好。他没有出现在斯海弗宁恩海滩聚会的照片上，因为即使在那时，他也被视为败家子。萝扎舅妈曾经借给他一台昂贵的照相机，他却没有归还，后来家里还丢失了一些行李箱，为此还报了警。战争爆发时，埃迪已经身处国外，和家人偶有联系。不出意料，他也不是一个少女的合适监护人人选。

不过他非常吸引人。利恩还记得，埃迪在 1946 年夏天突然来到弗雷德里克街的家门前，他年近三十，身着军士制服，肚子里都是他旅行相关的故事。他给利恩带来了一双漂亮的高跟鞋，但对于利恩来说太小了。有一张他们两人的合照：埃迪身穿军装；利恩则双眼明亮，整张脸因露齿一笑发生了变化。埃迪叔叔当然想在她的诗集里写点东西。不幸的是，诗集里已经没有空白页了，所以他用了一张单独的纸，利恩把这张纸塞进了本子的最后面，紧挨着萝扎舅妈的那一页。时间是 1946 年 7 月 10 日。

埃迪叔叔在他那一页上非常努力，而且，他对自己所写的"就像朋友一样不久后再相会"的态度无疑非常认真，就像他打算从英国给利恩寄他所许诺的糖果和自行车。不过，对于埃迪叔叔来说，他是很难信守承诺的。有一天埃迪叔叔说他会来看望她，于是她就等待着他，但交通工具出了问题。他答应会寄来身处伦敦的新妻子和女儿的照片，不过她再也没有见过他。

图 28

萝扎舅妈和埃迪叔叔都不是理想的人选，因此"儿童援助"组织就在考虑是否可以找一个犹太家庭来收养她。一对来自豪达（Gouda）的夫妇来到弗雷德里克街拜访。一切都进展得很顺利，他们还邀请利恩到他们家住了一周。一个开着宾利汽车的司机前来接她，车里弥漫着一丝木头与擦光剂的气味，这对夫妇豪宅里的网球场和大理石地板也散发着这种味道。但利恩不喜欢。她只想和范埃斯一家待在一起，最终，就连"儿童援助"组织也同意了。

一般来说，虽然很难就这些事情说服委员会，但委员会还是认定弗雷德里克街的这户人家的家庭关系极其良好：

> 范埃斯女士不加区别地对待孩子们。家庭内部非常和谐。人文主义的理想在这里付诸实践。孩子们愉快地相处。这里有许多犹太朋友。在被占领期间，还有其他犹太孩子藏身此处……养父母温暖和善。他们非常细致地抚养利恩，视她为自己的亲生女儿……范埃斯夫妇确实是非同寻常的人。他们一家都不虚此名。

"她现在和我们在一起。"报告里我的祖母如此说道，这句话被用作结束语。至于利恩，她已经觉得自己是家里的一部分了。采访者报告如下：

> 她非常喜欢自己的养兄弟姐妹。她最好的朋友是6岁的养妹妹。当被问道"你还有其他朋友吗"的时候，她回答道："这个小弟弟（一个一岁半的小男孩）。"

那个小男孩是我的父亲，就在利恩回来两周后出生了。

最终，"儿童援助"组织战胜了格斯纳·范德莫伦，后者的战争收养儿童委员会于 1949 年 9 月 1 日被废止了。这意味着儿童的藏身处大体上回到了犹太人的环境之中，尤其是那些证明了他们宗教背景的地方。大约一半的孩子与父母中的一人或二人重聚。其他没那么幸运的孩子或者被寄养到别人家，或者被送到孤儿院；在一些相当罕见的情况下，一些孩子真心想与挽救并照顾了他们的家庭生活在一起，却被迫离开。大规模营救与父母分离的孩子们是一种荷兰特有的现象。成千上万个孩子被救了，但幸存者的情绪波动将在未来几十年中逐渐显现。与范埃斯一家待在一起的利恩是一个例外。在荷兰全国4000 多个孩子中，在营救犹太儿童这一过程最后选择与非犹太人共同生活的仅有 358 人，利恩就是其中之一。

我乘坐的火车抵达了多德雷赫特火车站。我从火车站出发走了一会儿，来到了坐落于老城中心的市图书馆。我期望在这里了解到更多关于我祖父社会生活的情况，"儿童援助"组织的报告将他宣传为非凡卓越的人物。在该组织为他创作的画像中，我的祖父是一个严肃、工作勤勉、恪守原则的人。他们描述称，他的大书架上摆满了社会主义文学作品，以及有关科学技术最新发展的历史书籍和期刊。他基本上属于无师自通，对学问如饥似渴，并对人类发展的潜力有着强烈的信念。二战期间，他不惜一切从事抵抗运动；战争结束后，他靠着大幅下降的薪水来竞选公职，而这让我的祖母非常担忧。每当选举来临时，他的经济状况就会非常不稳定。

在多德雷赫特的中央图书馆里，位于旅行和青少年虚构类书籍馆藏之间的钢制夹层楼上，有一些属于地方政府的书架。我在那里读到了我祖父在战后城市发展中所发挥的作用。没花多少工夫，我就找到了一张他的照片：作为五名议员中的一位，他坐在一张高桌子旁边，手托着下颌，在市议会上发言，一个职员则在正前方的一张桌子上做速记。祖父身后的墙上挂着一幅巨大的地图，上面展示了城市改造计划。他看起来瘦削、一板一眼、非常自信，而且因持续了 14 个小时的提问（报告所载）而有些疲倦。

这张照片拍摄于 1962 年 1 月，此时对于我的祖父及整个城镇来说都是乐观主义的高潮。几乎像整个国家一样，多德雷赫特在战后几十年中经历了惊人的发展。自马歇尔计划的援助于 1948 年落实以来，曾经被毁或被盗的桥梁、渡轮、铁路线、发电厂和工厂被快速重建起来。多德雷赫特成了全国性重建工作（所谓的 wederopbouw）的模板，重建工作则是靠基础设施方面的投资来推动的。我的祖父在其中发挥了举足轻重的作用，他也在全国会议中谈及了"气和水的社会主义"（目的在于通过实际干预来提高生活标准）。

到了 20 世纪 50 年代中期，这个曾经经济相对落后的地方成了欣欣向荣的工业中心。在这里，船只和飞机被组装，煤炭转化为煤气，饼干、皮革制品和香烟大量生产。我祖父曾经工作的电机工厂扩大了规模。与此同时，Tomado 制铁公司受到了皮特·蒙德里安（Piet Mondrian）的抽象画艺术的启发，推出了一系列标志性产品。他们制造了置物架、书柜、沥水架、瓶内刮刀，后来还有搅拌棒、磨豆机和咖啡壶，这些都有基础配色。从 20 世纪 60 年代初开始，新成立的工厂开始生产吸尘器、涂料和烤箱。之后，杜邦公司选择这座城市来生产其神奇之物：腈纶、莱卡和特氟龙，每种产品都在一个单独的地方生产。为了满足需求，工人们最远从比利时蜂拥而来，路程长达两个小时之久。

对于我祖父来说，新的发展将成为一个社会主义未来的驱动力。人们对于新住房的需求十分强烈：干净的高层公寓中配备着盥洗室和厨房，还有几乎毫无声息就载着你升至天际的电梯。他推动开发了新的经济适用的公共住房，还有数千个同样设计合理的复制版。新的公园、图书馆、休闲中心、诊所和学校不断出现。"粮食混凝土"——其中的水泥由碎石和被拆除建筑物的砖块制成——的发明进一步推动了这个进程。有了这种魔法，历史的尘埃被一扫而光，洁净、明亮和全新的事物取而代之。当古老的新文艺复兴建筑风格的邮局及其童话般的塔楼和角楼被拆掉，并被混凝土的店面取代时，一些人表达了不满，但我祖父坚定不移地支持这一进程。对于他和其他议员来说，在市议会上进行 14 个小时的辩论浪费了宝贵的重建时间。

我再次看了看我祖父的照片，照片上的地图是他本人的三倍大。基于他战前和战时的经历，答案非常明显：中央规划、干净的石板、教育、汽车和停车场、更多铁路线和更宽阔的道路。这些改善将会为老弱者带来共同繁荣和合适的供应，而这将完全由工厂取得的利润来埋单。战争虽然非常可怕，却展现了政府和工业通力合作能够共同取得的实绩。

午餐时间，我到外面买了一块三明治。自 20 世纪 60 年代以来，图书馆外的城镇中心就几乎没有被翻新过，虽然曾经有拆除计划。我倚靠在熟铁栏杆上，凝视着中世纪的市政厅：市政厅华丽而又不平衡，一半是砖块，一半是石头，建在一座低矮的拱桥上。桥两边是文艺复兴时期的商人房子，阶梯式的山墙在阳光的照耀下闪闪发光。不过，这只是现代建筑中的冰山一角。在 200 码之外的街道上，我能看到 C&A 大楼上褪色的灰棕色砖块，多年来砖块上的白色镶板已经弯曲变形。

在今天早上之前，我一直无法理解，这里以及全欧洲的城市规划师怎么能把古老的房屋拆除来建造这样的建筑物。不过他们的行为至少可以在一定程度上被追溯至其对发展的自信心和摆脱过往的愿望，由此引发了战后几十年的狂热重建。当我思考我祖父及其战时经历时，我开始明白这一切是如何发生的。

我下午重新回到图书馆里，继续阅读多德雷赫特在下一个十年里的历史：就在几乎一夜之间，好消息消失了。1970 年 1 月 1 日，金属制品工厂贝克尔斯（Bekkers）倒闭，220 名员工失业；几个月后，制药企业契法罗（Chefaro）也宣布关门。亚洲方面的竞争突然来袭；美国取消美元与黄金之间的挂钩，导致荷兰的出口商品价格上升；之后便是石油危机。多德雷赫特曾在一段较短的时间内蓬勃发展，充满希望，现在却已落后，遭到污染，无法发挥自己的力量。多德雷赫特的大企业——Tomado、钢铁厂、皮革厂、维多利亚饼干（Victoria Biscuits）、造船厂、啤酒厂——有的破产，有的把生产工厂转移到别的地方。1975 年以后，只有 10 万人口的这座城市一年中逐步失去了 2700 个工作岗位。失业引发了犯罪和吸毒，以及与摩洛哥外籍工人间的某种种族紧张关系。恰好就在失业潮开始时，这些摩洛哥外籍工人被邀请前来多德雷赫特工作。此时，我的祖父不再身居市议会之中，而是被选为荷兰议会一院（大致相当于英国的上院）的议员。全家暂时搬到了西边的一个小城镇布里尔（Brill），祖父在那里担任市长，然而他努力进入二院（下院）的希望落空了。他是一个充满激情的现代化主义者，而他的城市所遭受的挫折一定给了他很大的打击。

那天晚上，我住在码头边的一家旅馆里，这座建筑由电机工厂的办公室改造而成，而那里曾经是我祖父工作的地方。

电机工厂在 20 世纪 70 年代破产。倒闭十年后拍摄的一张彩色照片展示了一个钢铁骨架，周围环绕着大堆的垃圾和一潭死水。此时，这整个曾经满是工人的港区已经荒废，对于那些从学校毕业后就在此工作的数千人来说，这个地方一定像个坟场。我走进自己的房间，房间正对着一个铺着橡胶垫的吸烟者阳台，我回忆起祖父，他在此地度过数年，对打造这个城镇贡献颇多。

祖父过世时，我时年七岁。我非常清楚地记得他去世的消息。我父亲在客厅里接起了电话，过了一会儿开始哭泣。除此之外，我仅有与他相关的两个记忆片段：当我打碎他温室的窗户时，他非常生气；以及当我们一起打牌时，他毫不留情且坚决地获胜了。在这两个场合中，我都回忆起了雪茄的强烈味道（我们收集了装雪茄的盒子，里面还弥漫着浓重、香甜的味道和树木的香气）。我还记得他锐利的双眼。他的眼神中流露出一种伟大的感觉，一种指挥的光环，这种光环来自他英勇的战争年代经历（他从不谈论此事）和他几十年来的政治工作。我父亲回忆说，在多德雷赫特，因为是他的儿子而为人所知是非常了不起的。

对于我来说，在我 23 岁那年去世的祖母更加记忆犹新。她对我的爱尤其是通过厨房来传递的，她用一个小的壁挂式调料架和一系列挂着的不锈钢平底锅把厨房打理得非常整洁。冰箱上的磁铁固定着来自工党的新闻，我还记得一些至理名言（比如"生活是我们自己创造的"），它们被涂写在房子周围的木制标识牌上。她与孩子们相处得非常融洽。当我们搭乘巴士旅行时，她按下扶手上停车按钮的力量十分巨大。对于随着我年龄日益增长而喜欢共同讨论的时事，她的态度则十分消极。人们对这个福利国家给予他们的诸多好处缺乏感激之情，这让祖母非常生气，当她谈论起女人们时，这一点尤为明确。她们起床太晚，吃了太多现成的晚餐，喝啤酒，还在外国海滩上享受日光浴，而她们本应该考虑自己孩子的事情。随着她年纪越来越大，我觉得祖母的生活受到了一种失望感的影响，即她及丈夫曾经认为自己在建造的天堂成果是虚幻且无人喜爱的。我母亲引用了一封信，那是祖母在 20 世纪 90 年代中期写的，里面提到了我和我的兄弟：

> 然后是两个可爱的孙子。在灰暗的情绪中，我认为"一切都毫无意义"，但之后我看到了面前的巴尔特和约斯特（Joost），于是我想，是的，终究还是有目的的。

孩子们，尤其是她的孙辈们，对她来说一直是快乐源泉；当利恩的孩子们到来时，她也和其他人一样深爱着他们。但那些"灰暗的情绪"在她晚年挥之不去。在她战后记录的日记中，她提到了"持久的精神抑郁"，一部分源于国际政治，一部分

则与更近的家务事息息相关。她写了收留和营救的孩子们的
"忘恩负义"，以及"照顾自己孩子之外的孩子们的责任不应
该强加给其他人，因为这是一个非常沉重的负担"。

在我旅馆房间的桌子上，第二套文件摆放在上面。昨天晚
上利恩把这些文件和"儿童援助"组织的卷宗交给了我。这
是 11 页的口述文件复印件，是她在 2001 年 2 月的一系列心理
辅导课程中所写的，题目是《这将是一个我与范埃斯家族关
系的具体故事》。利恩的"具体故事"将会成为我理解她与祖
父母之间的争吵的重要信息来源。

在第 4 页中间，她开始了一个新的部分，谈到了她在
1945 年回到多德雷赫特时的事情。故事提到了范埃斯姨妈对
她的接待：

> 欢迎仪式非常温暖。她拥抱了我，叫我"小利恩"，
> 还说我似乎从未远去。但对于我来说，一切都截然不
> 同了。

我进一步阅读文件，其中叙述了战后年代里利恩眼中的范埃斯
家族的生活。

第二十一章

利恩回到多德雷赫特后不久，就把"姨妈"和"姨父"的称呼改为了"妈妈"和"爸爸"，像其他人一样。第一次改称呼发生在一个晚上，当时利恩坐在桌边写作业，画着荷兰的地图。"妈妈。"她大声喊道，当脱口而出这个词时，她自己也感到十分震惊。不过妈妈只是回答道"好的，小利恩"，这是她经常使用的昵称，在此之后，利恩就习惯性地叫她"妈妈"了。没有人对此说什么——全家人并不怎么谈论感情——不过这种感觉很正常，很合理，因为同父异母的克斯和阿里也一定是在某个时刻第一次用"妈妈"替代了"姨妈"的称呼。

至少在外面，弗雷德里克街上的生活还和在老房子时的一样。放学后，利恩和孩子们在街上踢罐子玩。锡罐被放在人行道角落里场地起点的位置，可以通过不同的方式爬过去。有的人穿过灌木丛，在荆棘中蜷缩前行，从而感受到透过鞋底的寒意。或者可以沿着栅栏缓缓移动。你也可以在艾玛街（Emmastraat）的树篱中躲闪，不过这要冒着彼得斯夫人（Mrs Peters）破口大骂的风险，因为她不喜欢别人弄弯她的植物。

如果有人喊出了你的名字，那么你的位置就暴露了。

"我看到你了，小利恩，在邮箱后面！"

"我看到你了，克斯，在艾玛街的树篱里！"

克斯此时并不算是利恩真正的朋友。他也参加街上的大型游戏，不过他不喜欢独自和女孩们玩耍。不过，利恩有许多朋友，比如里卡·马斯达姆（Rieka Maasdam），她在利恩的诗集里塞在后面的一叠松垮垮、日益变厚的纸中写道：

> 1946 年 3 月 11 日
>
> 亲爱的小利恩
>
> 我应该在这上面写什么？
>
> 我想了很久很久！
>
> 嘿，小利恩，我知道，
>
> 对你所拥有的感到开心就好！
>
> 为了记住你的朋友
>
> 里卡·马斯达姆

在这一页的底部，里卡以对角线的形式写道："11 月 29 日，你必须铭记的日子。"这一天是里卡 12 岁的生日。利恩将迎来 13 岁生日：在她于战争期间错过了所有的课程之后，她已经回归学校一年了。

一些朋友是她的同班同学，比如里卡，一些则是街上的邻居家的孩子，还有一些来自社会主义青年俱乐部（Socialist Youth Club）、美国犹太人大会（AJC），她在这些地方度过了几乎所有周末时光。利恩还记得制作她制服的布料运抵时的事情：一块粗糙的棕色长方形曼彻斯特布（灯芯绒），用来做裙子；一块做衬衫的蓝色棉布；还有一条红围巾，这些都用一根绳子绑在一起。妈妈裁剪了布料，并为她缝成了衣服。现在，星期六的清晨，利恩、克斯和阿里将外出前往公园、城镇或火车站，在路上买点东西。在美国犹太人大会，他们玩圆场棒球，进行智力竞赛，练习跳舞或做体操。那里还有如"世界历史中的女性"或"集体农场里的生活"这种严肃话题的演讲。

图 29

美国犹太人大会的重大事件是年度集会，此时全国各地的年轻人会云集于此。为了参加这次集会，她们坐了四个小时的火车前往维尔豪特（Vierhouten）。利恩的小组名为"候鸟"，她们也确实听起来像挤在一个车厢里的鸟儿们，尖叫大笑，讨论谁睡在帐篷里的什么地方。小组领导试图通过开始练习唱歌来维持秩序，但过了一会儿她就放弃了。在乌得勒支，火车停了下来，她们透过窗户看到了另一组在站台上排队等候的青年人——披着紫罗兰披风的天主教女孩。

过了两个多小时，火车在一个没有屋顶、只有一个木制站台的地方停下来。火车门打开了，迎面而来的是棕色、蓝色和红色的海洋。为了不在人潮中走失，利恩的眼睛紧紧追随着"候鸟"的旗帜，她们在人群中缓缓前行，去寻找自己的露营地。在巨大的白色帐篷里，灯光模模糊糊的，有些诡异，闻起来还有草丛和土地的味道。利恩把自己的包放在了朋友马尔特的行李旁边。通过透亮和人影闪烁的帐篷帆布，她可以听到扩音器里传来的逐渐减弱的营地通知：自然知识演讲、森林徒步、篝火大会以及从法国远道而来的一群访问者等消息。

她们一整晚都在说悄悄话，到了第二天早上，则在太阳的照耀下享用早餐。早餐是从一个巨大的平底锅中盛出的粥。她们坐在干草堆上，小心地捧着盛着热食的餐碗，观察着旁边的男孩们。之后是锻炼，多列长队面对着架着麦克风的大舞台，一个女人穿着某种泳装站在上面，教她们弯腰、拉伸、原地跳跃等一系列动作。后来还有利恩喜欢的赛跑。当她赢得了比赛时，她的内心充满了骄傲。

马尔特说，那里有个喜欢利恩的男孩，名叫维姆（Wim）。到了第三天，他们两人紧张地互瞥对方。之后，在第四天晚上的五朔节跳舞时，他们的手指轻轻碰触，然后交叉在一起。后来，他们在徒步时也经常走在一起。她喜欢他为她讲述的有趣故事，也喜欢他的衣领贴在脖子上的样子。维姆也是从多德雷赫特来的，所以两人打算一直保持联系。

回家的旅途似乎更加短暂。当火车颠簸前行时，利恩倚靠在旁边的女孩身上。在多德雷赫特火车站最后一次点名时，她们有气无力地回应，昏昏欲睡。之后，她、克斯和阿里步履艰难地回到了弗雷德里克街。虽然妈妈已经做好了晚餐等着他们，但他们太疲惫了，没吃晚饭，也几乎没说什么。

第二天早晨，明亮的橘色阳光透过窗帘照射进来。玛丽安娜在楼下四处乱跑，大声喊叫。阿里则在利恩旁边的床上伸懒腰。

她打了个哈欠："我睡得超——级好！"

利恩则拉伸了手指和脚趾，让身体尽可能舒展。

之后，她们玩了名叫"抓挠揉搓"的游戏，游戏的顺序非常精确。一个女孩俯身趴着，另一个人开始轻柔地抓挠她的背部。最后是揉搓，伸开的手指在背上温暖地打圈按摩，这是个极其舒服的游戏。

此时，玛丽安娜跳着跑来，催她们去吃早饭。

"你们必须起床了！"她反复说着，每次蹦来蹦去的时候都重复说着"起床"这个词。

两个头发乱糟糟的女孩被赶到了餐桌旁，妈妈坐在那里，把一堆刚洗过的衣服分别整理好。她们的三件蓝色衬衫已经成排挂在窗户边，挡住了射入房间内的一些阳光。

"你们这些姑娘已经睡了一整天，"妈妈微笑着告诉她们，"你们需要的是一点健康的阳光，到了晚上，你们就要与鸡同眠了。明天又要去上学了。"

与鸡同眠。这意味着天黑时就要上床睡觉了。妈妈很喜欢这种幽默的表达方式。这是范埃斯一家与利恩在范拉尔家里习以为常的不同之一。

"如果我们和鸡一起睡觉，那么明天早上我们就也可以下蛋了！"利恩回答道，不过当她说出这句话时，她瞬间意识到她的玩笑话不太合适。在本讷科姆，这种乡下话非常常见，而在这里，人们觉得下蛋的说法有些下流，而且利恩觉得自己的说话方式受到了影响，因为在她说这句话的时候，房间里的气氛变了。阿里还是和善地微笑着，但利恩感到她的笑里有些怜悯之意。妈妈继续整理着刚洗好的衣服。

利恩在沉默中有些垂头丧气，在自己的秘密精神清单上添加了这个失误。比如，上周妈妈说她在洗衣服时吹毛求疵，因为范拉尔夫人告诉她要分开清洗衣服。还有她称作"臣下万岁"的自行车之旅，阿里后来告诉她，这样说完全是错的。很显然，臣下是坏家伙，而不是好人。范埃斯家是工党，他们是爱国者一边的；而臣下是教会一边的，即范拉尔家拥护的。所以她在本讷科姆和埃德阅读过的书里，那些城堡、塔楼、公主和王子的梦想也都是错的。

利恩坐在那里，愁眉不展。

"嘿，小利恩，"妈妈说道，她的语气并非不高兴，"你的臭脸已经摆够了！"

有一张拍摄于1948年的合照，照片的主人公是五个孩子——阿里、克斯、利恩、玛丽安娜和我的父亲。利恩此时已经15岁了，她坐在照片里孩子们的最左端，蝴蝶结在她的头上第一次显得有些幼稚。我的父亲还是家中的幼儿，就坐在她正前面，他姐姐的胳膊稳定地环抱着他。他一头金发，微笑着，像极了我儿子和他同岁时的样子。阿里靠在柳条后背的扶手椅上，斜坐在中间，身着长裙和白色衬衫，颈前别着一枚领扣，看起来已经像一位成熟的女性。当我成长到足以记住阿里姑妈时，她已经年过五旬，不过从其动人且自然、羞怯却真挚的表情中还是可以轻易地认出她。

时年8岁的玛丽安娜站在她大姐的身后，前者对于我来说则更加熟悉。她看起来沉着冷静，虽然头戴大大的白色蝴蝶结，却并不孩子气。

范埃斯一家都相貌过人，不过最引人注目的还是克斯，他此时已身着西装，配着领带，笑起来十分自信，还有些调皮。你可以在他身上看出大人的模样：我父亲满怀感情地回忆说他的长兄是一个英俊和蔼的人，对一切事情似乎都驾轻就熟，也是后来岁月中的一家之主。

图30

照片之中，克斯和利恩之间有一处巨大的空白。这个空白看起来有些尴尬，因为他们两人曾经是如此亲密的朋友。不过，并不是只有在他面前利恩显得有些疏离。虽然肢体上的接触很密切，但她似乎与兄弟姐妹分离开来，而这不只是因为她更深色的皮肤和不同质感的头发。她身上有一种徘徊不去的特质，曾经是梦幻且猛烈的，这与此时利恩描述自己的感觉时相吻合。

在多德雷赫特的旅店房间里，我从利恩的《这将是一个我与范埃斯家族关系的具体故事》转回"儿童援助"组织的报告，我在这个早晨研究了这份报告。报告中提到了"女孩情感投入方面的断裂"，表示"这个孩子给人一种没有完全成长起来的印象"。"她精神发展方面的迟缓，"报告总结道，"非常引人注目。"

也许我过于关注这张照片，但我确实感觉到相片中的疏离感。投射在她身上的灯光也截然不同。利恩看起来几乎就像拍摄于另一张照片，然后被移了过去。

利恩的"具体故事"中描述了一件大致发生在这家全家福被拍摄时的事件：

> 我记得有一次我在壁炉旁缝补袜子。我觉得这真是个有点乐趣的小工作。不过在某个瞬间，妈妈不让我吃晚饭就让我去睡觉了，这对我来说曾经是个惩罚。妈妈的观点是我看起来十分生气，令人不悦，我必须知道我有时要缝补袜子，就是这样。我说自己完全不在意缝补袜子的事情，但那并不重要。惩罚还是执行了。
>
> 妈妈也经常对我说："你总是在极大的程度上激怒

我，但我不知道你为什么这么做。"

当我写下这些时，我的记忆被触发了，我觉得我肯定是对诸多信号——我的存在对于整个家庭来说是多余的——视而不见、充耳不闻了。问题是，他们真的爱我吗？

即使在那时，我也总有一种感觉：他们不需要我，而我非常需要他们。我意识到，我对他们的爱可能多于他们对我的爱。

利恩时常会觉得与范埃斯家有疏离感，也会凝视远方，感到令她压抑的悲伤，但整体来说，生活还是相当不错的。对她来说，房子里的嘈杂是个乐趣。门口总是会出现需要和爸爸说话的人。晚餐期间还有热烈的谈话：事关原则的重大话题。妈妈和爸爸都非常正直。虽然他们租住的房子相当宽敞，但他们几乎一无所有，还会分享他们所持有的东西。1953 年，当大洪水（Watersnood）淹没了大半个国家时，他们没有丝毫犹豫就敞开大门，迎接了难民。

利恩的身边除了兄弟姐妹之外还有许多朋友。女孩们还是有时在她的诗集上写作。她有一本特殊的黄色便签簿，现在用来记录朋友们额外的诗作，比如下面这首诗：

> 两只明亮的眼睛，我所见过最美丽的，
> 我希望你爱我，我最亲爱的利恩。

现在是"利恩"而不是"小利恩"了。有一天，学校里的一个老师告诉她"小利恩"听起来有些幼稚，而这个时刻象征着变化。

去学校很有乐趣。虽然她落下了一年的课程，但她很快就又来到了班里的上游。她十分享受作业给她带来的宁静。当她的铅笔从一个方框移到另一个方框时，排列着的数字一一得到了解决。在荷兰，她喜欢句子拆分：主语、动词和宾语以一条隐形的线串联在一起。最好的是地理，她在其中追寻大陆、海洋、沙漠、丛林和大片冰层的踪迹。

她在学校里、美国犹太人大会、街道上、家里都有朋友，她还可以在家里与阿里谈论维姆的事情（她已经见过很多次维姆了），和玛丽安娜玩拼图，或者给小亨克讲故事。她只是与克斯失去了联系。他身上有一股狂野气息，她曾经也有过，但现在消失了。他经常说利恩非常奇怪。利恩想要克斯再次对她抱有善意，这或许是因为，8 月的一天，当他们在田野上漫步时，利恩告诉了他在埃德，以及之后在本讷科姆郊外的森林里发生的事情。

他们刚刚从美国犹太人大会的会议回来，当利恩说起这些事时，她低头看着自己的凉鞋和灰色的棉袜。

"你知道的，当我在战时离开的时候，一个男人对我做了我并不喜欢的事。"

克斯放缓了脚步。

"哪种事？"他问道，好奇心被激发出来。

她没预料到这个问题，也不知道该怎么说。

有一个词在班里天真无邪的女孩们之间私下流传。

强奸（verkrachten）。

她说道："他曾经经常强奸我。"

她口里说出的这个词感觉让人尴尬。

克斯停了下来。

他问道:"他脱掉你的衣服了吗?"

当她仰视着他时,围着红围巾、穿着卡其色美国犹太人大会短裤的克斯突然看起来十分青涩。她把头转向一边,开始向前走。

他落在后面,随后大步向她走去。

"嘿,如果你可以和陌生人做这种事,那么你也可以和我做。"他吹嘘道。

"我可以和你做。"过了一会儿他继续嘟囔着说道。

当他这样说时,利恩突然感到非常害怕,开始逃跑。

"你真奇怪!"他在她身后喊道,但并没有试图追上她。

这次交流仅在几秒之内就结束了。14 岁的克斯对自己的性感觉毫无了解,或许也几乎没怎么想过。后来,他将此事告诉了竭尽全力谈论利恩问题的父母。但是,对于利恩在本讷科姆和埃德的遭遇,他们却不予置评。在战争结束后的五年时间里,他们几乎没有谈论过情感上的事情。因此,利恩遭遇的强奸依然是她存在中一个被隔离的部分,从未被提起,每个人却都能感受到它的存在。

这件事过去没多久,利恩就踏上了绿树成荫的宽阔碎石路,穿过奥兰治公园,前往高等市民学校(HBS)① 参加入学

---

① 在荷兰,接受过初等教育的孩子(通常 12 岁以上)会面对中等教育系统中的三种选择:VMBO(中等职业预备教育)、HAVO(高级普通中等教育)和 VWO(大学前预备教育)。HBS 提供五年或六年的教育项目,于 1968 年被 VWO 替代。

考试。这是一所教授更难课程的初中，课程有几何学、科学、希腊语和拉丁语；学生们可以从此直升大学，不过利恩从来没有考虑过那么远。几乎一年之前，利恩在所有科目上都取得了优异的成绩，老师们告诉她，她应该试试高等市民学校的入学考试。他们甚至为她讲授了一些额外的课程。不过，利恩在大多数课上都装病了，没有现身。

并不是学校本身让利恩感到害怕，而是在家里将会发生什么的想法让她畏惧不前。有一次，当她从图书馆里借了一本英语书带回家时，妈妈告诉她，她不可能明白其中的意思，她应该小心一点，不要太过显眼。这些话就像一粒难堪的沙砾留在她的心头。克斯和阿里已经在 MULO（更高级的低学历大学，这里的科目更加容易）了，如果她突然成了令人艳羡的高等市民学校的女学生之一，人们会怎么想呢？

四面八方而来的孩子们都朝向同一个方向，一些孩子身旁还有家长，在最后一分钟给他们提供建议。学校的建筑物非常宏伟：一排排高大的假窗户正对着公园。沉默不语的人们聚集在一个侧门旁，鞋子敲打在深深的碎石上。20 分钟之后，门打开了，一个长着胡须的男人邀请他们进入。

门里散发出粉笔、氯气、午餐便当和湿衣服的混杂气味。几排木长椅摆放在一个讲台和时钟的对面。小堆的印刷纸张正面朝下，均匀地放在长椅上。这些是考试卷。教室里回响着脚步的嘎吱声和木头的刮擦声。

现在，这真的发生了。当这个长着胡须的男人宣布考试开始时，人群乱作一团。利恩旁边的一个女孩开始迅速动笔，她的舌头在上下牙之间进进出出。

第一部分是心算，不能潦草应付。利恩翻开了自己的试卷：

$$1.88 - \cdots + 8 = 70$$
$$2.3/125 = \cdots$$

她身旁的女孩迅速演算起来。

在这里的感觉是怎样的？利恩抬起头来，看着白墙上的镶板和时钟。

$$1.88 - \cdots + 8 = 70$$

去那个学校的人大多自诩才智高人一等，这是真的吗？

$$1.88 - \cdots + 8 = 70$$

如果她考上这个学校了，那么家里会对这个消息做何反应呢？这个想法让利恩心中一颤。在她的想象中，她可以看到克斯将会在家里对她在"高等市民学校里习得的表达方式"嗤之以鼻，还有阿里，虽然她外表支持，但内心还是会受到伤害，这对她来说仿佛是背叛之举。爸爸呢？几乎每个晚上，他都坐在餐桌旁潜心研究。如果利恩把几何学、拉丁语和希腊语的书籍带回家里，将会发生什么事呢？一想到爸爸和妈妈，她就觉得羞愧难当。

利恩决定不要考入这个学校了。她不想以高等市民学校女学生的身份立于人群之中。因此，过了五分多钟之后，她几乎开始随意猜答案，她的手指在点线上划来划去。

过了几周，她收到了考试成绩并不理想的消息。信里写道，学校同意她入学，但并不十分认可。而去 MULO 的这个决定给了利恩莫大的安慰。

因此，家里的生活如往常一样继续着，利恩在 MULO 的班级比克斯低，克斯在班里以优异的成绩成了班长。生活确实非常快乐。继亨克之后，家里又迎来了一个小男孩：海尔特·扬（Geert Jan）。全家人会在假日里去海边玩耍，或者去拜访住在斯特赖恩的祖父母。来自美国犹太人大会的维姆成了利恩的未婚夫，不过最终他们还是分手了。

当然，家中的关系有时也会紧张。说实话，爸爸是个有脾气的人，而利恩内心的感情也非常强烈。在极少数情况下，利恩的情绪会失去控制，对一些不公之事愤愤不平，无视后果，怒不可遏。在这些场合下，爸爸会狠狠地揍她。不过，这也会发生在克斯身上（妈妈同样会大声尖叫，竭力地阻止爸爸施暴），而且街道上父亲们的狂怒也并非罕见。利恩没什么可抱怨的。她的命运比大多数人好得多。

后来，阿里从家出发前往护理学院，而身为 MULO 之星的克斯则搭乘火车，在福克公司里以飞行工程师的身份设计飞机，很快就在公司里获得晋升。利恩如何呢？她想从事与孩子们打交道的工作。阿姆斯特丹的一个地方非常适合她：一家住宿幼儿园。她可以住在那里，接受培训，大多数周末还可以返回多德雷赫特。之后，过了一年后，她将会在阿默斯福特的米德卢学院（Middeloo College）进修，以取得社会教育护理的资格。

因此，1950 年，17 岁的利恩乘坐火车前往大城市，接着坐有轨电车来到了一座四周有很多大门的大别墅，她在那里拿到了制服：一件蓝色裙子，外加一个白色的围裙。夜里十分孤单，因为很少有其他女孩在此过夜，除非她们值晚班，而且利恩也从不外出。不过这份工作很吸引她。她们面对的是行为方面有问题的孩子，她们给予他们信心，促使他们与外界加深交流。在她学习的过程中，利恩对组织小型音乐会产生了特殊的兴趣，孩子们会在音乐会上排成一排演奏竖笛。

到了星期五，利恩就会收拾行李，前往公交车站，期待着妈妈的料理和看望家里的每一个人。她会在自己原来的卧室里睡觉，如果阿里也在周末回来的话，两个人就一同聊天。楼下的爸爸会抽烟和阅读，首先是看他公文包里的工作文件，接着是政治、历史和科学方面的书籍。这一切都是如此让人心安，也正因为如此，当利恩听到，觉得房子里有些拥挤的妈妈有时会说"你知道，你没必要回来"时，内心有些受伤。

在工作方面，他们正在开拓新的方法。这是一个将孩子当作一个完整的人来看待的问题，孩子们有其特殊的背景，也有各自的性格。重点是给孩子们自由，以让他们不只作为个体成长，还要作为社会生活的一分子来发展。为了实现此点，他们采取了提供建议、设立保护儿童指导方针、家访和进行游戏疗法等许多方法，这改变了以前的模式。

一年之后，利恩按照计划前往阿默斯福特，继续完成她的学业。又过了一年，她必须决定自己的去向了。主任邀请利恩前去他的书房，来看看她可以选择的去处。他建议道，有一个叫埃林切姆（Ellinchem）的新儿童福利院很适合她。这座儿童福利院的建立是一个创新之举，首次共同接纳男孩和女孩，年龄范围从 0 岁到 21 岁不等。本着人道主义的理念，福利院致力于解决孤独和丧亲等问题。他已经和福利院的管理层谈过话了。利恩会在那里担任某个职位，并继续她的教育吗？

她思考了一会儿。这个地方离本讷科姆相当近，这让她有些担惊受怕，不过她还是同意了。

因此，1953 年，20 岁的利恩在另一座别墅中工作，这次是在一个乡下的农村，而不是大城镇。不到 10 年前，埃勒科姆（Ellecom）是荷兰党卫队训练学院的所在地，但对于现在的大多数人来说，那似乎是很久以前的事情了。而且主任说得没错，那里确实很适合利恩。她正在扩大自己的人际交往范围，愈发承担福利院中的领导职责，并在生活中发现自己的使命。不过，像所有年轻人一样，她还是想有一个可回的家，她也感受到了弗雷德里克街的吸引力。

深秋的一个周一，周末回家后的利恩正在沙发上假寐，她有些精神不佳，打算第二天坐火车回去。房间里的东西都如此熟悉：时钟、扶手椅，还有用抛光木材做成的橱柜，摆放着瓷茶壶和未使用过的配套茶杯。就这一次，家里十分平静。就连妈妈也出去了。她只能听到厨房里的爸爸煮咖啡时发出的陶器叮当声。

她迷迷糊糊地睡着了，身体状况好了一些，但还是非常疲倦，只有在门打开时，以及爸爸询问她是否还好的时候睁开了眼睛。爸爸问这样的问题并不常见。利恩躺在那里，困惑了一会儿，还有些昏昏欲睡，然后才回答说自己很好。

之后，一些奇怪、令人害怕且预料之外的事情发生了。就这个事情本身来说，它转瞬而逝，实际上发生了什么也存在解释的可能性，但其后果是深远的。当她躺在沙发上时，爸爸来到了她的身边，呼吸急促。在她意识到发生了什么之前，他就亲吻了她，还抚摸她的头发。这个男人，她视作父亲的人，似乎因她的女性特质而感到兴奋。

利恩站起身来，笑了一下，她的心脏不可思议地怦怦直跳。他贴近利恩的身边，手碰触着她的胳膊。

"我有些不舒服，我要去楼上睡觉了。"这是利恩认为自己说过的话。

当她急匆匆地上楼时，她的脑子里一片混乱，不确定发生了什么。她稳住自己的脚步，向外看着雨后光滑的阳台，努力镇定下来。她双手颤抖，比起害怕，更多是出于震惊和疑惑。安静了十分钟后，她听到了一阵嘈杂声，就蜷缩在床上，身上盖着被子，眼睛盯着门上透过的些许亮光。

接着，门把手转动，他再次来到这里，说要从橱柜里拿点东西。不到一分钟，他就离开了，不过之后又走回她的床边。爸爸弯下腰亲吻了她，她听到了非常沉重的呼吸声。

也许她惊声尖叫了？她确实不记得了。

后来，他离开了，一切结束了，什么都没有发生。然而，对于利恩来说，整个世界都变了，再也无法同从前一样了。对于她来说，爸爸不再是她的父亲，他只是一个男人了。

她写下了一个便条，说需要独自待一阵子，之后就离开了家里。

在我旅店的房间里，一股强烈的烟味通过露台窗户上关闭着的烟道袭来。我走进盥洗室，在瓷砖反射的灯光下，镜子里我的皮肤看起来有些发蓝。

一些人可能会说利恩在埃弗特伯伯手下的遭遇扭曲了她对

强奸的感知，因此想象了从未发生过的意图。情况在某些方面有共通性：空无一人的房子，乍看上去令人心安、备受信任的年长男人。也许他们触发了长期潜伏在利恩脑中的一种联想？

不过，最终我并不相信利恩所经历的是个映射。她在《这将是一个我与范埃斯家族关系的具体故事》打字稿上的证词明确直白：

> 突然，他朝我走来，呼吸非常急促，并开始亲吻我。我至今仍可以感受到冲击和恐惧。爸爸，这个坚毅的父亲，绝不妥协的卫道士，却突然碰触我，还十分兴奋……他视我为女人。

后来，我和利恩讨论了她对这些时刻的回忆。她很清楚错误指控的危险，已经在记忆中多次重现了这一事件，但她的判断自始至终都是一样的。最后，我必须以她的视角来写下我对这几分钟的记述，我意识到这可能影响我祖父的名声，还可能歪曲其充满勇气和理想的一生的遗产。

明天，我将前往弗雷德里克街，去看看阳台，绕着那些房间走一走。之后，我将搭乘火车前往阿姆斯特丹，与利恩见面。她想带我去葡萄牙犹太会堂，也就是她结婚的地方。

第二十二章

　　阳光透过阿姆斯特丹的葡萄牙犹太会堂的窗户倾泻进来，我感受到脚下铺在地板上的沙粒，它们是用来减弱声音的。头上的金色吊灯在深色木材的拱形天花板上飘荡着，我身边还矗立着高大的乳白色石墙和柱子。一切都非常朴素克制。1675年竣工之时，这是当时世界上最大的犹太会堂，除了在20世纪40年代暂时关闭过，它依旧是仍在使用的最古老的犹太会堂。即使到了现在，这里也没有电或暖气。在盛大的仪式上，近一千根蜡烛将被点燃，既有简朴木长椅上的支架中发出的亮光，也有从高高的三层吊灯上闪烁的光芒。

　　当利恩站在我身边时，她笑得非常骄傲。我们绕着阿姆斯特丹古老的拉丁区漫步，之后将会前往犹太历史博物馆。当我们在庭院里闲逛，偷窥古朴的小房间和办公室时，她告诉了我她婚礼的事情，那发生在1959年12月20日。

　　那个时候，她和范埃斯家的联系重新建立起来。她远离家里长达一年，相当凄惨地住在各种机构宿舍中，但后来爸爸前来看望她。他们在阿纳姆一个旅馆的酒吧里见面，差不多位于双方住处的中间，离利恩工作的地方不太远。他告诉利恩，什么事都没有发生，她应该回家。

　　这并不是利恩的看法，但她非常想念妈妈和兄弟姐妹，所以她接受了提议，继续像往常一样周末回家。那件事和利恩这一年的消失都从未被提起。

然而，利恩与其养父母之间还是产生了一种新的距离感，也许这部分导致了她开始在阿姆斯特丹为取得社会工作的另一个资格而学习时，选择加入了犹太学生协会（Jewish Student Society）而不是社会主义联盟（Socialist Union）。正是在阿姆斯特丹，她遇到了自己未来的丈夫——阿尔贝特·戈梅斯·德梅斯基塔（Albert Gomes de Mesquita），一个正在取得博士学位的科学家。他有些体弱，说话细声细气的，但对自己颇有信心。

"他很了不起，"利恩曾说道，"我记得他告诉我，幸福是很容易实现的。他知道如何生活。"

对于阿尔贝特来说，幸福源自犹太教的教义和节奏，其古老的模式带给他平和的感觉。他自己就是建造了这座宏伟的犹太会堂之人的后代。他的外祖父是一个富裕的银行家，曾经是葡萄牙犹太委员会的主席，其曾祖父是著名的阿什肯纳兹犹太人①祈祷书的作者。不过，对比之下，他的父系氏族就只是贫穷的金刚石切割工，也是严格遵守教规的信徒，安息日、纪念节日和饮食戒律塑造了他们的生活。

当然，阿尔贝特也有自己的幸存故事。1942 年 8 月，12岁的他与父母和妹妹一起藏在了一套专门建造的庇护室里。他们躲在阿姆斯特丹一栋房子的地下，有大量的粮食储备，一条秘密逃跑路线，一群给他们提供物资补给的可靠朋友，还有例

---

① 阿什肯纳兹犹太人指在公元 11 世纪前并入神圣罗马帝国的一个犹太人分支的犹太人后裔，亦称德裔犹太人。

行的锻炼和脑力活动，以此保持精神振奋。他们玩大富翁游戏和惠斯特纸牌游戏，下象棋，打桥牌。阿尔贝特每周都会完成杂志上的逻辑谜题，外面的帮助者不仅会给他带来杂志，还会拿来新鲜的食物。每到安息日，他们都会举行例行的仪式，唱祷歌。

然而，尽管他们做了万全的准备，就在战争结束的前一年，他们还是被发现了。一天凌晨，有人在猛敲不透光的窗户，之后，一个高大魁梧的人通过他们的逃生通道潜入，命令他们走到后面的房间里。他一个接一个地审问了家庭成员，包括阿尔贝特和他的妹妹，他们全家人都以为外面肯定有一辆等待着的警车，会把他们带到集中营。然而，奇怪的是，询问了一上午之后，他们被留在房子里，没有看守，可以自行离开。事实是那个突袭者是个盗贼，并不是警察。全家人失去了他们的财产和藏身处，虽然他们在 12 月末阿姆斯特丹的街上无依无靠，但还是活了下来。

经历了这次九死一生后，他们在荷兰各地辗转十几个不同的藏身地，在阁楼嵌板后蹲伏，躲避了几次突袭。他们有时饥肠辘辘，被跳蚤侵扰，失去希望，但不管怎样，他们还是以集体的方式紧密团结。他们有可以分享的故事，到了 1945 年 4 月，他们全家——母亲、父亲和两个孩子都活了下来，并为此庆祝。因此，对于阿尔贝特来说，最伤心的时刻是在解放之后，即他发现包括祖辈和父辈在内的大家庭中只有三个人幸存。

战争结束后，阿尔贝特的家庭继续按照原来的方式生活，即使是在被占领期间，他们也努力保持不变。他们重新加入了社区，遵守犹太律法，谨遵安息日规矩，庆祝节日。5 月 9

日，即德国全面投降的那天，葡萄牙犹太会堂里举行了感恩节的宗教仪式。然而，包括阿尔贝特一家在内，整个荷兰国内只剩下 800 名塞法迪犹太人。

利恩在犹太会堂里举办婚礼的照片给人一种十分幸福的感觉。她和阿尔贝特手挽手站在门口，利恩有些羞涩，头微微向下低着，仪态颇像戴安娜王妃。在另一张照片里，他们坐在一辆闪闪发光的汽车后座，利恩看起来完美得如 20 世纪 50 年代的电影明星一般，在白裙和头纱的映衬下露齿微笑。

还有一些接待的照片：我祖父穿着细条纹西服，扣眼里别着一枝鲜花。祖母则戴着帽子，他们二人并排站在光彩夺目的利恩身边，接受亲朋好友的美好祝愿，照片就是在他们聊天时拍下的。我父亲微笑着坐在桌边，身旁是哥哥姐姐们。他当时 14 岁，记忆犹新：扬·赫洛马（图克的丈夫）发表了极其幽默的讲话；拉比讲话时，舞台坍塌了；还有他憋急了的小弟弟不得不在街上的一堵墙边撒尿。所有人都兴高采烈，汇聚于此。就连利恩的表弟本尼（在普莱特街拍摄的照片中，坐在利恩身边的那个小孩）也出席了婚礼。他也在战争期间藏身并活了下来，利恩最近才通过"儿童援助"组织保存的战争孤儿记录找到了他。

对于利恩及我的父亲来说，当天深夜扬·赫洛马的演讲是个高潮。赫洛马形容利恩的词语是她向我重复了不止一次的故事中的唯一元素。他简短且风趣地描述了利恩的性格，然后煞有其事地问道："那么，这个骨瘦如柴、姜黄色头发的绅士真的配得上我们的利恩吗？"配得上我们的利恩——这对她来说非常出乎意料：她应该被视作特别的人，她也应该被看作他们

图 31

中的一员。她突然感到非常幸福。她觉得自己与前来送他们启程的家人朋友紧密联系在一起。她觉得自己和范埃斯一家是一体的，现在也是犹太社区的一部分。

　　如果你想在这个被隔绝的女孩的故事中寻求一个单纯的圆满结局，那么就应该到此为止了。阿尔贝特以她为豪，呵护

图 32

她，关怀她，而且见多识广。利恩的妈妈也很喜欢他：他非常
有趣，工作努力，待人有礼。早上，这对享受蜜月的新人坐在
闪闪发亮的黑色婚车的后座前往机场，利恩将第一次乘坐飞
机，远方若隐若现的达科他正等待着他们。随着荷兰那平坦整
齐的土地渐渐消失在身后，银色机翼上的好利恩正飞向阳光。

第二十三章

离开葡萄牙犹太会堂之后，我和利恩穿过了一条繁忙的马路，前往犹太历史博物馆。像往常我们一同穿越马路一样，她的手搭在我的胳膊肘上，不是因为82岁的她需要我的搀扶，而是因为她对我能否带她安全过马路持怀疑态度。在犹太会堂的时候，因为安保措施非常严格，我们花费了一点工夫才进入其中。一个白色的警察岗亭矗立在外面的支柱上，上面的窗户密不透光。进入博物馆之前，我们排队等候着接受机场标准的安检。在我们身边等候的人们主要是头戴耳机、携带行李的美国青少年，这是他们集体旅行的一站。他们啜饮着瓶子里的水，涂抹唇膏，一边闲聊着诸如酒店早餐质量的话题，一边查看手机。不过，在这之中还有有关历史的严肃讨论。大多数人去过或将要去安妮之家①，两个操一口纽约校园口音的女孩倚靠在我们后面的墙上，她们正讨论着20世纪40年代这里的生活细节，尤其是佩戴犹太人大黄星的生活。我猜想身旁的利恩是否在倾听。如果她确实在听，那么她一定会觉得自己像个活生生的证据。她的丈夫阿尔贝特曾是安妮·弗兰克的同学，有一次在操场上，安妮主动告诉了他自己生活的真相。

---

① 安妮之家是纪念《安妮日记》的作者安妮·弗兰克的博物馆，也是纳粹统治时期安妮一家的藏身处，位于阿姆斯特丹王子运河旁。

248 / 被隔绝的女孩：二战中的荷兰犹太人和地下抵抗运动

这座博物馆位于古老的大犹太会堂（聚集在这个地区的四座古老犹太会堂之一）里，被分为两个展示区域：第一个区域涵盖了 19 世纪末以前的荷兰犹太教，主要是其宗教活动；第二个区域则带我们穿梭于 20 世纪，直到现在。

利恩迅速穿过第一个展厅，注意力都集中在一个 10 岁孩子的身上。当我落在后面，仔细注视着保护玻璃后台面上的古老的律法书（摩西五经）经卷时，利恩回头说道："我们无须就此担忧。"我指向了一幅历史画，但 20 世纪前的艺术并不特别吸引她。"我觉得我没有欣赏这幅画的文化背景。"她说道，接着拾级而上，走向更高处的画廊，显然不打算此时再掌握那些背景。利恩继承了我祖父母对现代主义的热情，这一点将在一年之后得到证实，彼时她将到访我的办公室，发现它是由暴露着的混凝土和平板玻璃墙组成的（与她对牛津大学的期望正好相反）。

展览了更多荷兰近来犹太人历史的空间也是这座古老的犹太会堂的一部分，不过它给人一种当代的感觉，因为其光亮的展示柜如水族馆里的一般，还有散发着淡蓝色灯光的巨大屏幕。一些细分主题，比如"阿姆斯特丹的犹太人区""金刚石产业""省里的生活"等描绘了原本贫困的犹太人在加入了工会和社会主义政党后日益得到了解放，许多人在国家层面上声名鹊起。在这之后，一个名为"精英人士"的部分展示了犹太社会中的一小部分人如何在诸如女王店（De Bijenkorf）和梅森百货公司（Maison de Bonneterie）这样的大企业中迅速发展起来。还有犹太人给文化方面带来的影响：戏剧、音乐和文学。当我站着观看一场著名歌舞杂耍演出和爵士乐手的展览时，利恩兴高采烈地喊我。

"看!"她说道,"这正是我记忆中母亲在餐桌旁裁剪的东西!"

就在那里——就像英国艺术家达明·赫斯特(Damien Hirst)在他的甲醛罐子里悬吊的动物一样——一条黄色的宽布,上面的星星印着"犹太人""犹太人""犹太人""犹太人"。

这很恐怖,不过也给人一种熟悉感。利恩站在旁边,略带微笑,她的脸庞在反射光的照射下有些发黄。就在她身后的另一个水族馆般的展示柜里,绣着一颗星星的小女孩的裙子放在其中,还有一块写着"犹太人禁止入内"的木制标识牌。

一个小时后,我们坐在博物馆咖啡店的一张塑料桌旁。利恩想让我尝些这家咖啡店提供的犹太食物,她特别推荐了冷冻咸鱼饼(gefilte fisj)和刚出炉的甜辣味的姜味甜甜圈(bolus)。在装修简洁的白色咖啡店里,利恩为我讲述了20世纪60年代的备餐,当时她和阿尔贝特住在艾恩德霍芬,阿尔贝特在飞利浦电子公司工作。每到星期四晚上,一包犹太洁食肉就会从阿姆斯特丹寄来,由于他们没有冰箱,因此就必须在第二天点燃安息日蜡烛之前加工并烹饪这些肉。阿尔贝特的母亲高大壮硕,总是在周末与丈夫一起来到他们家里,就如何遵守饮食戒律给出严格的指导。许多炖锅中炖着各式各样的菜肴,重中之重则是即将到来的晚上,还有铺着白桌布的餐桌、蜡烛和祈祷。

利恩从未经历过这种仪式:她在海牙的家里保留了一些犹太人的习俗,但没有如此正式。她也确实发现这套机制非常麻烦。阿尔贝特坚称,如果他的父母能够到访,那么这一切都是必要的。对于他来说，遵守犹太律法是社会需求的一部分，而不是绝对的宗教信仰。与此同时，遵循古老的传统能够让他满足，对于利恩来说同样如此，尽管过程非常繁杂，但正统的生活给了她一种她属于某个集体的安心感。她认为，她是一个对自我身份没有太强烈意识的人，因此很容易就追随他人的脚步。

我和利恩讨论了这些传统。一方面，这些传统是限制，对我来说是完全不合理的，但它们也有魔力，特别是通过它们所带来的归属感。基督教之中则没有类似的传统，在我无神论的家庭中也肯定没有，就连我的父母也是非信徒的后代，在就餐时间完全没有特殊的仪式。不过，我仍然可以看见它们的精神力量。你可以理解阿尔贝特所说的"幸福是很容易实现的"。

十年以来，古老的犹太人生活模式在使利恩过得幸福方面发挥了一定作用。她身边有一个社区，其中有婚礼和宗教戒律，还有成为其中一员的安心感。阿尔贝特既温柔又聪明。他在工作上表现突出，他们的孩子在学校成绩优异。利恩呢？她是个忙碌的母亲和妻子。

我们离开咖啡店，走回阳光之下。我们购买的葡萄牙犹太会堂的门票也包含了博物馆——荷兰剧院。此外，剧院是犹太文化区的标准旅行路线中的一站，门票免费，所以我和利恩开始了这段半英里长的路途。她从未去过那里。

二战之前，荷兰剧院是一个颇受欢迎的剧院。比如，1900年，《愿你安好》（*Op Hoop van Zegen*）在此首次公演，这是一个关于北海渔民艰苦生活的戏剧，由犹太剧作家赫尔曼·海厄曼斯（Herman Heijermans）创作，至今仍吸引着大量观众。

纳粹则暂时把它当作犹太人的剧院。1942 年 8 月，剧院成了
某种形式上的监狱：成千上万的犹太人在此被聚集起来，他们
首先被集中关押在阿姆斯特丹，后来被送到荷兰北部韦斯特博
克的中转营，最后再被送到东方的死亡营。一年里，这里满是
担惊受怕、极度饥渴的男男女女，他们经常被紧紧地挤在一
起，呼吸艰难。这座剧院的任务完成之后，1944 年被转卖，
变成了一个聚会、跳舞和举办婚礼的场地，即使在战争结束之
后也继续成功地举办活动。

在我和利恩到达之前很久，我们就已经看到了剧院，因为
另一座白色的警察岗亭立在入口前道路上的支柱上，在明亮的
阳光照射下，它的窗户同样漆黑一片。从 1962 年起，剧院就
成了一座纪念碑。剧院的正面如神庙一般，是原建筑物仅存的
遗迹；此外还有摆放着长椅的庭院和一根深色的石柱，石柱矗
立在大卫星形状的基座上。左边的墙上，6700 多个家族的名
字俯视着一团永恒之火。它们代表了死去的 104000 名荷兰犹
太人。

我们刚才还漫步在温暖明媚的街上，颇为快乐地聊着天，
这与剧院内部形成了强烈的对比。一些身穿厚大衣的人独自沉
默地站着。两个人一边扫视着名单，一边窃窃私语着。这个地
方现在成了纪念之地而非聚会场所确实令人欣慰，但这堵墙
（透过漆黑的玻璃，名字后面透出了绿光）有些不近人情。死
者名单——先长后短，再长——排成了一列又一列，仿佛病人
的心电图：

      约利斯   Jolis

      约勒   Jolles

约勒夫斯	Jolofs
约纳斯	Jonas
容	Jong
德容	Jong, de
德容－范利尔	Jong-van Lier, de
扬	Jonge
德扬	Jonge, de

我们从一个塑料槽中取来了一个像移动电话的设备，用它指向了我们所选的名字，但姓氏为德容的人太多，所以我们必须滚动筛选曾住在普莱特街 31 号（这个地址突然从右边方框里的一个小"动态地图"中弹了出来）的德容。

查尔斯·德容
鹿特丹，1906 年 12 月 10 日—奥斯维辛，1943 年 2 月 6 日

凯瑟琳·德容－斯皮罗
海牙，1913 年 10 月 28 日—奥斯维辛，1942 年 11 月 9 日

触屏上的存储条给我们提供了各种各样的选项，比如"打印此家庭信息"、"添加家庭成员"、"常见问题"和"捐赠"。

"我要回家了。"利恩说道。

我和她在出口处拥抱告别，约定了下次在她公寓里吃饭的时间，我走上楼梯，那里还有一些脏乱的房间，与原本的建筑

物的正面相连。我弓着腰，浏览着包含了一些极其感人的物件的老旧展示柜（比如一捆告别信和一只婴儿的木鞋），长达一个小时。之后我离开了老剧院，穿过马路，走进小巷，右边是市动物园的大门。

两分钟之后，我来到了抵抗博物馆的门前。和荷兰剧院一样，这座建筑曾经是犹太文化的中心，为一个合唱团而建，面朝街道的山形墙屋顶上依然有大卫星的标志。博物馆内的收藏品由一条固定的观览路线串联起来，仿佛一条铺着石膏板墙壁的隧道，将你从入侵带到解放，其间有一系列展示了如官方征兵文件和伪造身份证等窗口。顺着这条路线，你可以看到随着纳粹的残暴报复行动变得愈发常见，民族情绪也逐渐从不情愿接受转向了大规模反对。有时，这条隧道也会通向一个实物布景，比如印制非法新闻小报的场景。

在荷兰的抵抗运动中，秘密印刷发挥了非常重大的作用。它不仅为直接反抗德国人的荷兰人提供了信息，还帮助构建了一种新的民族认同感，这在战争结束后变得极其重要。即便是今日的国家媒体［包括《忠诚报》、《誓言报》和《自由荷兰》（*Vrij Nederland*）等报纸，以及忙碌蜜蜂（De Bezige Bij）出版社］，其中一个关键部分也起源于地下新闻界。

与之相对的是政府宣传。在一个仿造的城镇广场布景中，我仰视着墙上的公告板和街上的临时围墙。海报上印着一个荷兰法西斯领导人的头像，宣称"缪塞特说道"，此人在1942年12月成了荷兰有名无实的领导人。安东·缪塞特（Anton Mussert）是已成小丑的墨索里尼的小丑翻版，从未得到多少拥护，但我看到的周围图像则毫无疑问说明他拥有一定影响力。许多漫画中的人物形象是美丽而脆弱的女人，她们倒在废墟和鲜血里。她们高呼着"布尔什维主义是凶手"和"这是第二前线"，尽管努力掩饰，但她们朴素的裙子还是向上提起，露出了线条优美的大腿。这些女性的海报旁边还展示着身材结实、一头金发的男人的其他海报，面对阵阵寒风，他们的下颌坚毅地挺立着。海报上高呼"武装党卫队的硬汉们"，"勇敢些，猛烈些"，以及"新欧洲，新荷兰，与国家社会主义运动一起加入战斗"。海报上还有一个长着胡须和鹰钩鼻的恶棍，他紧握着一把匕首，炫耀着六角星（即大卫星）。

我是最后一个离开博物馆的。取回我的行李箱后，我穿过阿姆斯特丹市中心来到了利恩的公寓，走过了几座微微拱起的小桥，浏览商店和咖啡店，一路躲过了不少自行车。当我到达时，利恩正在厨房里忙碌着。她把几碟小吃和一杯啤酒拿到了座位区域，让我也来到这里。这是我飞回英国之前，我们两人最后一次共进晚饭了。

晚餐过后，利恩拿来了一封信。这是一封很长的信，是妈妈寄给她的，就在她结婚后不久。利恩曾向妈妈表达了她对婚后进入的那个富裕且正统的宗教世界，与多德雷赫特家中基本价值观之间的距离越来越远的担忧，这封信正是对此事的回应：

亲爱的利恩：

我觉得，有时候人的一生并不能让我们变得更富有智慧。你是多么的迷茫和脆弱啊。你还总是看出了事物本身之外的含义！……你说，你很担心阿尔贝特的家庭和我们家之间的距离，如果涉及家庭气氛和人生观的话，确实会有这种问题。

听着，小利恩，我明白这一点。

当身为小孩的你那时来到我们家，以及长大些许后再次回来时，我们经常非常感恩，你在我们身边。

也许你还记得，当你从本讷科姆回来之后，有一次我说道："现在利恩回来了，幸好一点都没变。"

然后你说："没变？我太开心了！"

我想，当我说你一如从前时，你十分讶异。

妈妈回想了战争及其带来的恐惧和困苦，还有她在金钱方面的担忧。之后她说道：

> 现在，我必须告诉你，我们亲爱的主在生活中非常庇佑我，因为我是一个不可或缺的人。我当时 28 岁，有四个孩子要照顾，而只有一个孩子是我亲生的。你们都受了其他人的影响，有时会以挑别的眼光看待我所做的事情。如果你自己有一个孩子，那么你就要诚实地设想一下，如果你还有另外三个孩子，他们还一切依赖于你，那将会是什么样子。

"即便如此，"她接着说道：

> 我有时也会感到非常开心，因为我是被需要的。我问你，一个人的生活中还能有更多奢求吗？

她写了克斯和阿里的婚姻，以及与爸爸的相关事情：

爸爸也需要辅佐，而他和我在一起的时候最糟糕，因为当他把照顾你们的几乎所有责任都推到我身上时，我确实会有些埋怨（我偷偷告诉你这件事）。尽管如此，我们所到之处都会受到敬重和仰慕，这也不是无端产生的。这让爸爸付出了巨大的努力，也使我做出了牺牲。

她叙述了一些自己身上的压力：要照顾父母和一个体弱的姐姐、她自己的孩子们，之后还有孙辈。

在这些麻烦之中，又有谁安抚我呢？所有人都想从我身上索取。成为一个必不可少的人感觉很好，但也同样令人疲倦。

妈妈描述了几天前混乱的圣·尼古拉斯日晚上的情形，当时有六七个孩子需要她照料：

安妮（Anne）大声尖叫，精疲力竭。安内克（Anneke）和海尔特·扬为一个玩偶争执不休。过了一会儿，安内克吐了，因为她吞下了一块对于她来说太大的面包。然后杰拉尔德（Gerald）觉得自己被羞辱了，因为我觉得那很恶心。这真的很像电影院里的某种喜剧。这一切最终都很容易解决，不过你必须习惯这些事。想象一下你的阿尔贝特在其中的情景！

正因为如此，我亲爱的利恩，对于我们来说，你永远是我们中的一分子，但我们不想让你隔离于外部的世界。你必须在生活中做出选择。你永远不会失去留在你身后、对你来说至关重要的东西。我们曾经做了如此之多，只为过上幸福的生活。

妈妈对自己身为母亲所做出的一些选择感到担忧，比如她把自己收养或领养的孩子太快送到了外面的世界里，又如她带着解放感将孩子们推开。

> 利恩，我现在必须停笔于此了，没有其他的事情要说了。可以的话，在圣诞节的时候回来住几天吧。也许阿尔贝特可以送你过来，之后再接你回去？
>
> 再见，小利恩。一直爱你如同爱其他孩子一般的妈妈。

这是一份满怀温柔和爱意的信，其中充满了真切且可靠的智慧。妈妈理解利恩，尽管她们身后有重重困难，但很难明白将这些女人紧密联系在一起的纽带为何会破裂。我的祖母有时会难以相处、吹毛求疵，但她同样是个责任心很重的人，尤其是对待自己的子女。事态是如何从这样一封信发展到永远断绝关系的呢？

第二十四章

　　利恩和阿尔贝特这对新婚夫妇从阿姆斯特丹的莱兹街（Leidsestraat）24号巴斯·范佩尔特商店（Bas van Pelt）买来了家具。家具店巨大的前窗有利恩身高的三倍多高，透露出几乎空无一物的内部：灰色的石材地板、白色的墙壁和天花板，一切都毫无特色，平平无奇。玻璃之内的前五米没有任何东西。然后是以一种非传统的角度摆放的物品：一张钢铁和玻璃桌、一把明亮橙黄色的弯曲扶手椅，以及一个倒置的落地灯。这个商店散发着一股抛光木材和皮革的气味，店内还有音乐播放。当他们走进时，系着紫色领带的销售人员微笑着迎接他们。利恩和阿尔贝特随性地走动，当他们走向楼上的展示厅时，利恩的高跟鞋敲打在台阶上。他们两个人懒洋洋地回到沙发上，试试坐着是否舒服。

　　他们已经在艾恩德霍芬拥有一套公寓了，这是阿尔贝特的新雇主飞利浦公司分给他们的。公寓的窗户对着直升机停机坪，一天之内，利恩可以几次看到蜻蜓一般的直升机在黄色H标记上降落，标记绘在它下方的混凝土上，直升机的旋翼在周围的草丛中划出了一个干净的圆圈。

　　艾恩德霍芬是一座高科技之城。这里不仅是飞利浦公司的所在地，还拥有技术大学（Technical University）、设计学校

（Design School）和柏宾士（Brabantia，一家制造时尚的脚踏垃圾桶和其他不锈钢材质的家具用品的公司）。从 1966 年起，有一座巨大的飞碟状混凝土建筑在市中心附近拔地而起，名叫"演变"（Evoluon），旁边还有一座形似火箭机翼的钟楼。来自全国各地的人们聚集于此，只为看它一眼，它就像电影中外星人降落地球后的情景。

阿尔贝特是化学家，不过他在物理实验室工作，对于他来说，那就像一个满是电线、开关、管道和屏幕的游戏室。他向来喜欢这个。即使在战争期间，当他的全家在夜里躲藏在一座小工厂所属的房屋天花板上时，他也用报废设备做了一台收音机，还用遗留在现场的化学制品做实验。他告诉利恩，他们做了许多令人称奇的东西：可以随身携带且不使用电池的小型音响，以及可以存储图像和声音的磁带。每天早晨，他都会像个小学生一般骑车去工作，期待着新的一天的到来。

他们的人生图景中很快就出现了孩子们的身影。他们在利恩相册的全家照中一个接一个地出现。首先是一个身穿白衣的小女孩，她躺在骄傲的母亲的臂弯里；接着是坐在沙发上的夫妇中间的两个孩子，母亲用胳膊让小男孩坐直；接着是三个，他们挤在一起开心地笑着，最小的也是男孩，抓着哥哥的手坐在中间。巴特加（Batja）生于 1960 年，达恩（Daan）生于 1964 年，最后，阿尔耶（Arjeh）在 1970 年诞生。他们都非常开心。男孩们学柔道、踢足球，巴特加则是学校的优秀辩手。来自老师们的报告称他们都十分优秀。利恩相册中最后一张全家福非常完美：三张笑容满面、天真无邪的脸庞，阿尔贝特笨拙地咧嘴笑，利恩则幸福地微笑着，眼睛看向膝盖。

时光流逝，此时的她已为人妇，还养育着几个孩子，此时不是去工作的合适时机。她在多个委员会中担任志愿者，闲暇时间则与其他家庭主妇待在一起，后者大部分也是犹太人，她们的丈夫也从事着令人艳羡的工作，上班时间较长。生活不能更完美了。他们主办晚餐宴会，或邀请其他家庭前来，这样孩子们也能玩耍。在节假日，他们搭乘飞机或卧铺火车，前往奥地利、意大利或法国南部的美丽村舍。她也确实不再那么忙碌了，至少不是像在家里与妈妈爸爸一起时那样忙。家里都是现代化的便利设施——冰箱、洗衣机、烘干机、吸尘器——还有一位来打扫的女士。正因如此，利恩经常身处一些游乐场的边上，或者当孩子们在睡觉时，自己在家中休闲自在。几年之后他们买了一套新房子，利恩站在宽敞的时尚厨房里，她觉得自己仿佛杂志中剪裁出来的完美妻子。

那些闲暇时光对她来说是奢侈的，但她竭尽全力地填补空闲时间，如参与社交和慈善工作。这部分是因为有所裨益，但同样是因为闲暇时光会引发一些问题，而她此前未就此提出质疑。这些问题令她感到不便，有时还会害怕。她究竟是谁？她属于何处？她的信仰又是什么？

多年以来，伴随着这些问题，她对其答案产生了新的焦虑感。有一次，在达恩的幼儿园，幼师们让她整理出一本婴儿读物（这是他们可以学会的一些家庭小故事），但当他们为她解释这个想法时，一股惊恐浪潮突然向她袭来，她不得不立即离开。曾经如此简单就能隐藏的过去，现在变得更加黑暗，宛如一片巨大的阴影，她知道那就在自己身后，却不敢直面它。所以她继续在早上去喝咖啡，在游乐场旁微笑着。

随着十年的时光流逝，美国总统肯尼迪的职位被约翰逊接替，之后是尼克松；随着历史的轨迹从古巴导弹危机发展至美国在越南战争中的失败；随着布拉格之春被粉碎；随着巴黎发生"五月风暴"；以及随着人们游行反原子弹——这些问题在夜里悄悄潜入利恩的脑海，即便医生已经给她开了安眠药。萝扎舅妈告诉了利恩事情是怎么发生的：利恩的母亲和外祖母，手拉着手，一同赴死。

她从未调查过此事，但她母亲去世时一定比现在的她更年轻。

"我不应该在这里。"这是她脑海中无法驱散的一句话。仿佛击鼓一般，这句话在背景中变得越来越响亮。随着它越来越响亮，她觉得自己不属于周边的这个世界。她不属于美丽的房子、典雅的家具和可爱的孩子们。她自身带来了黑暗。她要竭尽全力才能保持笑容。

阿尔贝特还是会前往犹太会堂，但对于她来说，犹太会堂已经没什么作用了。药物和戏法——安息日、犹太新年、光明节、逾越节、赎罪日——它们都让人觉得徒有其表，没有内涵。阿尔贝特继续遵守这些没有目的的规矩，这让她颇为沮丧。他没有时间回答她所提出的问题，还告诉她只是要开心一些，继续生活。但他的温柔现在毫无用处，就像犹太会堂的词句一无是处一样。她觉得自己的内心在发生变化：一个新的存在——恐惧、苛刻、渴求——在她的心中萌芽，仿佛一颗种子。

直到现在，她觉得自己在生活中没有做出过选择，没有真正表达过意见，这部分是源于她不敢回顾过去。而现在，当她瞥视自己的过去时，她很害怕，她听到了脑中的那句话——她不应该在这里，她应该和其他人一起死在奥斯维辛。

在度过了幸福的十年后，20世纪70年代伊始，她再次沉沦，无精打采，焦躁不安，与世界隔绝。而与阿尔贝特在一起时，她甚至都无法和他分享此事，因为当她僵硬地坐着，内心暗潮涌动时，阿尔贝特则相当平静，继续遵从古老的习俗，保持他的日常习惯，和善却又严格，丝毫不理解妻子的内心活动。

与此同时，随着利恩越来越陷入自我世界，妈妈的视野则愈发开阔，她提出了自己的担忧。在她记录了约十年的日记中，妈妈写道，她无法理解为何她周边的人们似乎都处于孤立之中，不愿承担责任，也不愿对他们所拥有的美好事物心怀感激。虽然她经常满怀深情地提起利恩，但她也认为利恩像自己的所有成年儿女一样过于内省，在世界面临威胁时总是在问一些毫无必要且自命不凡的问题。

在妈妈人生最黑暗的时刻，对可能再次爆发战争的恐惧一直纠缠着她：

> 昨晚，恐惧袭击了我。如果此类事情再度发生，我希望自己能够去抗争，因为昨天一整晚和今天一整个白天，我的眼前都是第三次世界大战爆发后的情景。爸爸可能是第一个被俄罗斯人带走的人，或者出现更糟的情况。还有你们（指她的所有儿女），我从未发觉你们如此惹人喜爱、令人着迷。玛丽安娜，如果我无法见证她的成长；以及亨克，如此可爱、健康的小男孩；还有阿里，她此时怀着二胎，和小安内克。还有其他所有人。天啊，太糟糕了。

随着一天天变老，妈妈觉得时间流逝得更快了，不过，在她对全球的担忧中，她还是把许多新人纳入了自己的照顾之中。比如说，当她的姐姐贝普（Bep）离婚后，关于此事的争论激烈不已，妈妈担心这可能会给姐姐的孩子们带来伤害，因此她照顾了外甥和外甥女长达半年。这给妈妈的心理造成了重大影响。她知道自己正变得日益富态，但她无法坚持节食。像往常一样，妈妈担心自己不是一个引人注目的女人，不是她强壮且活跃的丈夫的最佳伴侣。

到头来，与孩子们在一起才让妈妈找到了自我：她可以强烈地感受到他们的痛楚，在他们取得小小成就时予以表扬。她的养女和继女——利恩和阿里——的怀孕给了她莫大的喜悦，而在利恩的"美丽动人小女儿"巴特加过生日时，她记录了自己无比的期望和喜悦。对于妈妈来说，成为母亲是人生中决定性的目标。

然而，这条关于利恩母亲角色的笔记，是妈妈日记中最后一条记录。"我正在考虑这本日记到此为止了，"她在几页之后写道，"我记录得如此不规律，而且我也不觉得我写得很有趣。"身边没有年幼的孩子，妈妈有些失落，觉得没什么动力，她承认尽管自己尽最大的努力来保持精神振奋，但还是越来越频繁地发牢骚。

到了20世纪70年代初，妈妈和利恩之间的距离已经相当遥远了。她们会在生日宴会和圣诞节时见面，但她们之间的联系基本没有加深。当利恩给妈妈打电话时，妈妈总是答道："我会给你回电的。"但她几乎没这么做过。

后来，1972年9月，赎罪日晚上，轮到阿尔贝特在犹太会堂中发表演讲了。利恩没有和他一同前往，而是坐在家里，看着顺着窗户滑下来的雨滴，大脑因她无法逃离的那句话而困惑迷茫。

9点半左右，她听到了阿尔贝特的钥匙插入门锁的声音。

"你的演讲怎么样？"

"如果你在那里的话，"他答道，"你就会知道了。"

他会如此恼怒并非意料之外，但当他说这句话的时候，她内心发生了一些奇怪的事情。他仿佛说了一个魔法般的词语，就像一个开关被啪地打开了。利恩从沙发上起身，走向楼梯，步伐沉重，之后走过铺着地毯的楼梯平台，进入盥洗室，打开水池上方吊在墙上的柜子。

对于这个时刻的她来说，这是一个完美的解决方案。她几乎灿烂地笑了。如果她立刻就不在了呢？

她一般不喜欢吞药片，也无法真的如此做。药片只会停留在她的舌头上，任由水冲刷，在她的口中留下苦涩的味道。这就是她吃得很少的原因。这就是许多药片剩了下来的原因。但这次就相当容易了。一切都快速进行。瞬间，白色的长方形塑料药瓶就空了，封口的箔片下空无一物。她故意缓缓行动，把安眠药瓶放回柜子里，然后走到楼下。

外面仍在下雨。她坐在沙发上。雨声让人非常舒服，助她入睡。

第二十五章

这里有一张本·斯皮罗（即本尼）的照片，是在 1959 年利恩婚礼上拍摄的，他是利恩的表弟。这是在普莱特街拍摄的那些婴儿照之后，我得到的他的第一张照片。在普莱特街的照片中，他的大拇指含在嘴里，长着一张圆嘟嘟的脸，和身旁的利恩一起坐在妈妈的膝盖上，利恩则身穿格子花纹的裙子，头上别着白色的蝴蝶结。在婚礼的这张照片上，25 岁上下的他坐在桌边，刚刚吃完晚宴。我的祖父就他身后入镜，看起来正和一群其他客人兴奋地聊天。本的脸颊让我震惊。一条丑陋的深疤从他脸颊的一角延伸到另一角，离我们较远的一只眼睛则以一个奇怪的角度茫然地凝视着，已经失明，眼皮也耷拉着。他是在战争终结数年后的一次摩托车事故中毁容的，但他骑车的方式与被遗弃的感觉有关，利恩也深有此感。同利恩一样，他也被父母转交给了抵抗组织。同利恩一样，他也在战争中遭受了恐惧的折磨。拍摄这张照片后不久，本·斯皮罗就上吊自尽了。

利恩的状况在几天之内十分危急，是否能活过来还悬而未决。阿尔贝特迅速把她送往医院，利恩住院了一个星期。之后，为了庆祝她出院，阿尔贝特举办了一个小型聚会。"不幸

图 33

已经过去。"他在分发给朋友们的卡片上如此写道。这些卡片是他以真心实意写的，这个事实也只是显示了他们之间的距离，以及他没能完全理解她，或者她也没有解释清楚。

"那就像作为贵宾出席我自己的葬礼。"利恩说道。

妈妈的反应与阿尔贝特的完全相反。她暴怒如雷。在她看来，服用安眠药，抛弃自己的丈夫和孩子是奇耻大辱。人们已经为她做了如此多的牺牲，她又怎么能这样自私？什么样的人才能做出这种事来？

什么样的人？是的，这是个关键问题。当你把她从周边世界隔离开来，当你把她从科学家丈夫、犹太会堂以及富裕生活所带来的安心中分离出来，她是什么样的人？她真的属于范埃斯家，或者属于犹太人仪式的世界，又或是属于某些她有待发现、截然不同的东西吗？

她明白，她自杀的尝试是一个糟糕的错误，而且她向较年长的两个孩子（一个 8 岁，一个 12 岁）保证，她不会再做这种事情了。但她也不会回到早上喝咖啡、做犹太食物，以及留着问题不去解决的生活中了。

接下来的几年，利恩着重解决自己的问题。她接受过各式各样没什么效果的治疗，比如在一次分析治疗中，当她躺在精神科医生的沙发上时，医生坐在了她身后的椅子上。无法看着医生，这让她非常恐惧。

"这个亲吻你的男人，"他问道，"就是救了你性命的人，我这么想对吗？"

精神科医生的几次治疗没有发挥作用，被放弃了，不过还有其他的方法起到了作用。利恩在冥想、佛教教义、人文主义，以及与新朋友的讨论中找到了慰藉。她问自己，她从生活中真正想得到的是什么东西？她的信仰是什么？历史是否有一个模式可供我们借鉴？

利恩想成为一个更加坚强的人，于是她决定回归职场。但说服阿尔贝特着实不易。他不明白为什么一切都要发生变化，而且因为如此，家中的生活开始出现了冲突和琐碎的争吵。这对孩子们来说也很难，因为处于这些情况中的他们总是倾向于责备自己。

1979 年春天，电话铃声响了。爸爸患了肺癌。多年来和石棉打交道，再加上是个老烟枪，他的时间已经不多了。到了秋天，他在医院里奄奄一息，当利恩前去看望他并坐在他身旁时，他已经卧床起不来了。他身边一片纯白，癌症正在吞噬着他，他的脸颊也比以前更加瘦削了。

她坐在那里，两个人沉默不语。自从利恩第一次来到范埃斯家以后，这么多年来他们二人几乎没有单独在一起过。

利恩递给他一杯水，他接了过来，然后水在他长着斑点的手中洒了出来。

她没有说"谢谢"或"我爱你"，抑或"在我 20 岁的时候，当你在弗雷德里克街的家中试图亲吻我的时候，某些事情确实发生了，而那永远改变了我"。范埃斯一家向来不说这种事情。但是，又有什么家庭会说呢？

"我下周会再来看你的。"利恩告诉他。

"好，你来吧。"他说道，几乎没了气息。

三天后，妈妈打电话告诉利恩，爸爸去世了。

不出所料，一周之后，一个边缘有灰色水滴的白色信封寄来了。这本应是写着葬礼安排事宜的卡片，但当她打开信封时，上面的文字如同一把匕首一样插在她的心口：

亨德里克·范埃斯

约翰娜·范埃斯－德容的丈夫

多德雷赫特，1906 年 12 月 8 日—多德雷赫特，1979 年 10 月 20 日

阿里和杰拉尔德

克斯和特鲁斯

玛丽安娜和皮埃尔

亨克和迪厄夫克

海尔特·扬和勒妮

外孙和重孙们

他们列出了爸爸的所有儿女及其伴侣，但她的名字没有出现在卡片上。这非常出人意料，她几乎不敢相信。她的手指失去了力气。

但这绝非一个错误。指示非常明确：正式的灵车将接送妈妈和孩子们，而利恩必须和叔伯姑婶及其他家庭成员跟在后面。爸爸在这件事上非常坚定：利恩对外的身份并非他的孩子。

阿尔贝特不理解对这些安排小题大做的意义。毕竟，她只是他的养女，与其他孩子不同，而且你坐在哪辆车，或者你有没有被列在某些卡片上，有那么重要吗？如果有必要的话，可以在之后再讨论这个话题，但现在不是合适的时候。在招待会上，阿尔贝特相当愉快地与其他送葬者闲谈，比预想时间待得更久，而利恩则不自然地在三明治桌间转来转去，心里想着何时才能离开。

对于利恩来说，很显然，现在他们的婚姻已经走到尽头了：她已经变了，而他并没有。在彼此保留着更多空间的大房子里，他们避免接触，有不同的行动路线。她曾想探索重大的问题，遇见不同种类的人，但他不为所动，固执己见。在阿尔贝特看来，他不能明白为什么她要把事情弄得如此难办，为什么一切都不能保持最初的模样。1980 年，他离开了家，找了一间附近的公寓；利恩则与小儿子继续住在家中，她和阿尔贝特计划出售他们美丽的别墅，它坐落在两条街道交汇的一个尖锐的 V 形路口处。

于是，47 岁的利恩，一个离异的女人，正在重新出发。利恩在她结婚之日就已经取得了社工的资格，但直到现在，即 20 世纪 80 年代初期，她才开始全职工作。她在艾恩德霍芬社会福利部门找了一份工作，别墅售出之后，她就在这座城市一个更富有活力的地方买了一套中等大小的房子。房子位于一片名为"白村"的计划地产中，是威廉·杜多克（Willem Dudok）在 20 世纪 30 年代设计的，装饰着艺术曲线的露台之间，孩子们挤满了熙熙攘攘的游乐场。在几排完全相同的正门前，这里的邻居们把"核能？不，谢谢"的标签贴在门上的古怪窗户上。这是她和阿尔贝特共同享有过的混搭风格，以及她记忆中在多特的童年时代所感受的混乱的公共温暖。她在这里的生活并非一帆风顺（她与许多家庭之间的工作非常困难；她的孩子们也在成长过程中遇到了问题），但这种方式是她所选择的，而且，她十多年以来第一次感受到了归属感。

几年之后，她开始了一段新的关系。利恩刚搬到艾恩德霍芬的时候，她和她的家庭就已经认识他了——一个名叫贝尔纳德（Bernard）的鳏夫，大家都叫他贝尔。虽然他比利恩年长三十岁左右，但外表上看不出来。他的外貌依旧很年轻，一头银发往后梳，衬衫扣子系在最上端，不打领带。贝尔是个业余演员和导演，对艺术、书籍、歌剧，以及人生中的重大问题满怀热情。她最爱的还是他孩童般的热情，比如他可以就一场戏剧中的角色谈上数个小时。当他在某个现代主义德国剧院的舞台上徘徊时，他似乎青春永驻。

1987 年夏天，她和贝尔已经结婚四年。后来，在他排练最新作品［埃利亚斯·卡内蒂（Elias Canetti）的《婚礼》］的途中，他突然头晕目眩，头疼不已：他得了脑瘤。他只剩下几个月的时间了。考虑他们年龄上的差距，她本来很有可能比他活得更久，但这个变化发展得远比她想象的更加迅速。在医生们认定手术治疗已不可行时，他被转移到了一家疗养院，刚开始时还在家里与利恩过了几个周末。到了初秋，当他目光空洞地躺在病床上时，他已经记不住她，还需要口对口的喂食。许多朋友前来看望他。

一个 8 月的早晨，利恩开车前往多德雷赫特拜访妈妈，她脑子中还是贝尔。妈妈租住的房子位于多德雷赫特南部一片新开发的大地产中，这是爸爸帮忙建立的诸多建筑项目中的一个。阿尔戈林（Algolring）15 号是一套四居的黄砖顶层房子，住房协会维持得很好，每周还有一个男人来打理花园。70 岁出头的妈妈身体非常健康，在政治方面的兴趣、对儿孙的喜爱，以及保持房子干净整洁的坚定决心让她活力焕发。

利恩不请自来，想要喝杯咖啡。当她打电话安排这样的来访时，她从未感觉自己很受欢迎，虽然妈妈对利恩的孩子以及阿尔贝特十分热情——妈妈现在还和阿尔贝特保持着联系。妈妈对于利恩的离婚感到非常失望，也从未原谅，但她们之间谨慎保持的距离可以追溯到更早的时候。利恩有时会想，在她离家后的一年中，爸爸对发生在弗雷德里克街的那件事是怎么说的。这与利恩被排除在卡片上的名单和爸爸的葬礼仪式之外有关系吗？

当利恩开着她的沃尔沃走到尽头，然后不断前后挪动，想要在狭小的停车点泊车时，妈妈就站在家里巨大的厚玻璃窗前。最终，利恩打开了车门，一手抓着自己的背包，一手捧着一束白色郁金香。她走向前廊时，微笑着挥舞着手中的花束。妈妈也冲她挥手，然后在她进门时拥抱了她。妈妈身为主人，迎接人们进入她的家中，在这种时候感觉最好。当她称赞利恩所挑选的郁金香，以及她接过利恩的大衣，把它挂在墙上的一个挂钩上时，她们都非常轻松愉快。房子里飘散着咖啡和薰衣草的芳香。利恩脱掉鞋子后，她感到自己的脚趾踩在一尘不染的蓝色地毯上。

"我刚煮上咖啡。"妈妈说道，然后走进厨房，咖啡壶正发出微弱的声响。

"这里还有从面包店买的奶油蛋糕——他们做得非常好吃。"她接着说道，解开了郁金香的包装，用操作台上的剪刀把郁金香的茎剪了下来，之后把花插入了瓶子中。

妈妈站在那里摆弄时，呼吸有点沉重。

"要我帮你做点什么吗？"

"你可以把那些放在餐桌上。"妈妈一边回答，一边走向冰箱。

于是利恩就抱着花瓶，首先走到了门厅，接着进入了一个长长的房间里，房间两端的巨大窗户透出明亮的灯光。利恩转过身来，她看见妈妈穿过了与厨房相连的上菜处。妈妈正搅动着燃气灶上平底锅中的牛奶。

"我马上就来。"妈妈喊道，并没有回头看她。

利恩漫步到坐处。这里有两个相当新的深棕色沙发、一张玻璃桌，还有一个扶手椅，以及与沙发相匹配的可延伸脚踏。墙壁对面是一组嵌入式架子和用深色木材及玻璃制成的橱柜。像往常一样，利恩走了过去，仔细观看着点亮灯光的玻璃后的动物展览，里面有刺猬、天鹅、兔子、猫头鹰和贵宾犬，它们在零星的灯光下闪烁着多彩光芒。

妈妈走了进来，手里拿着一个托盘，上面的两个碟子中放着两块三角形蛋糕。一圈光滑的蛋黄色杏子被围在奶油之中。杯子上印着快乐的家庭场景，脸颊红润的妈妈正端着盛放了咖啡和蛋糕的托盘。这就像正值黄金年华的妈妈的缩影。

妈妈从咖啡渗滤壶里倒出了咖啡，再把从平底锅一端舀出来的奶泡倒了进去。在她自己的咖啡里，妈妈放了两块黄糖。她们二人吃了几口味道浓郁的蛋糕之后，开始谈论多德雷赫特和家里的事情：公交车时刻表的变化，海尔特·扬工作室的重建，妈妈朋友们的健康状况，利恩的孩子们现在的情况。这一切都非常和谐，但主导谈话的人是妈妈，也没有提到贝尔。

"你的生日有什么计划吗？"沉默了一会儿之后，妈妈问道。

通常来说，利恩都会举办午宴或小型酒会来庆祝自己的生日，尽管妈妈经常不来（她现在很少前往多德雷赫特之外的地方了）。

"我今年什么也不做。54岁没什么特别的，而且贝尔还在疗养院里，举办生日聚会不太合适。"利恩说道。

她们又讨论了即将到来的其他人的生日聚会的事情，到时她们将会见面。接着，在喝完了第二杯咖啡之后，很显然，拜访要结束了。

两人互相拥抱，三次吻别，之后妈妈再次站在大窗户前，看着利恩前前后后地挪动汽车，想要开出停车位。利恩移出去之后，她向妈妈最后一次挥了挥手。接着她倒车开出狭窄的街道，引擎发出巨大的轰鸣声。

那年9月，天气宜人，阳光明媚，气温保持在25摄氏度左右。在工作之前和之后，利恩都会去疗养院看望贝尔，他躺在一张升高的手术床上，看起来突然就衰老了许多。他们已经无法再交流，于是利恩坐在床边，握着贝尔的手，看向外面的花园，迎接前来探望的客人。

每天，贝尔的女儿米普（Miep）都会从以色列打来电话，询问她父亲的身体状况。随着贝尔的健康情况日益恶化，米普集中了一周的时间飞来荷兰看望他，这应该是最后一次见他了。利恩和米普相处得相当不错，但两个人坐在一起长达数个小时也没有什么意义，除此之外，米普也想和她父亲有些单独相处的时间。因此，利恩在一个周末里终于有了一些自由的时光。

当这个周末到来时，一切都非常理想。天气依然十分舒适，因此利恩向一个朋友提议，在海边订一个旅馆，然后在那里住上几天，一起走走。在疗养院待了好几个月以后，这正是她所需的。

因此，9 月 7 日，利恩穿过了沙丘之中，眺望着自 1833 年以来就竖立在埃赫蒙德沙滩上的范斯佩克灯塔（Van Speijk Lighthouse），风拍在她的脸上。灯塔的铜塔楼在阳光下闪闪发光，当她们逐渐走近时，她们认出了灯塔风向标上的金色美人鱼。她们返回旅馆的小门厅时，两个人虽然十分疲惫，但很快乐。接着，正当她们准备走回各自的房间时，两个老朋友向她们发出欢迎的欢呼声。秘密筹划的生日聚会给了利恩一个巨大的惊喜。

其中一个朋友是埃丝特·范普拉克（Esther van Praag），她是利恩养父的姐姐，如果利恩的爸爸和妈妈遭遇不测，养父及其妻子就会代之照顾利恩。埃丝特一直以来都把利恩当作自己的侄女一般对待。

冲上来拥抱利恩的另一个女人是图克。

图克·赫洛马的丈夫已经去世多年，她现在满头白发，年近八旬，但还是和以前一样神采奕奕。她抱住利恩时有些惊讶，就像她拥抱小时候的利恩一般。她身上有伟人的气息——前国会议员、联合国前代表、工党委员会前成员——但当她将两手搭在利恩的肩上，询问贝尔的状况时，她也让人觉得触手可及。

她们已经在一家餐馆里订了位置，沿着街道走五分钟就到，酒吧的餐桌上已经摆好了红酒杯。利恩喜不自禁：她们谈论的都是她喜欢的话题；食物非常美味；她们一直开怀大笑，直到喘不上气来。

那年11月，贝尔去世了。他的人生在一场盛大且美丽的葬礼中得到了赞美，而利恩全程参与了这次葬礼。葬礼上有悲伤，但也有一种完结的感觉——一生完满，恪尽职守。

之后，新一年年初迎来了另一位范埃斯家庭成员的生日：这场准备了红酒、切块蛋糕等的生日聚会在多德雷赫特的房子中举行，孩子们纷纷前往。利恩抵达后，将花束递给了女主人，然后加入了亲朋好友之中。

妈妈也在这里，她正坐在扶手椅上。但情况有些奇怪，因为当利恩走近妈妈时，后者阴郁地盯着她，然后将头扭向一边。过了一会儿，利恩鼓起勇气走向妈妈，坐在了沙发的一端。

妈妈的嗓音平时都很强劲有力，此时却很柔和。

"我不想和你说话。"她说道，转头看向空中。她们二人如此靠近，几乎要贴在一起了，但她坐在那里，一言不发，彼此之间相隔甚远，和周围的嘈杂也隔绝开来。

"发生了什么事？"利恩问道，她非常恐惧。

可以看出，妈妈难以启齿。

"我只是觉得那非常不诚实。"她最终还是咬紧牙关地说了出来。她的话让人摸不着头脑。之后她继续说道："我从图克那里听到了全部事情。"利恩过了几秒明白了，是关于她生日聚会的事情，她已经告诉妈妈不会再办了，但埃丝特和图克还是为她举办了一场聚会。

解释毫无意义。她没能在生日聚会后提及此事，这似乎足以构成背叛，而且妈妈将这整件事看作合谋，不相信利恩所说的任何话。当利恩坐在那里，保持不动时，妈妈努力地站了起来，告诉另一个孩子，她想要回家了。

那天晚上，利恩写了一封信。那是一封"糟糕的信"，妈妈只读了一次后就立刻把它撕成了碎片。对于利恩来说，那是一封解释的信，关于她的生日聚会，妈妈对她来说多么重要，她多么爱妈妈，还有她对爸爸的复杂感情。在弗雷德里克街的家中，当爸爸试图亲吻她时，她什么都没有说，但她确实说过自己对妈妈的爱总是多于对爸爸的爱。利恩认为这会解决问题，但这样的信件非常危险。此类信件的本意常常会被曲解。收信人会从信中找出最不协调的，其余的则悄无声息地从他们的手中溜走。

如果我从我祖母的角度观察这件事情，我认为自己可以明白她愤怒的根源，虽然这并不意味着她的行为就是正确的。她没有关于精神创伤的认知。对于她来说，从本讷科姆回来的利恩只是一个变了模样、相当阴沉的小孩。后来，利恩的自杀未遂和离婚都与妈妈的信仰背道相驰。她认为利恩是在自我放纵。此外，妈妈还为现代世界的状态感到悲哀。之后，利恩去外面散心，还和图克等人私下开心地举办生日聚会，以及在解释的信件中对爸爸的态度不够尊重，这些都激起了妈妈心中长期以来积聚的怒火。

我认为，妈妈并没有考虑到利恩被排除在葬礼安排之外的事情，也没有想到多年以来她对利恩所说的那么多刺耳之语。

一天之后，一个浅紫色的信封放入了艾恩德霍芬伯格街（Burghstraat）利恩家的信箱中。地址处潦草地写着"致利恩·德容女士"，邮戳以扭曲的角度盖在上面，其中一个戳还上下颠倒了。

利恩刚开始并不愿意让我看这封信。当她递给我的时候，她的眼睛瞥向另一边。

多特，1988 年 7 月 4 日
致利恩：

你知道的，我并不喜欢写信。它们总是会引来误解。但我还是想说，请你暂时不要给我打电话了。在我看来，考虑到现在的情况，这似乎是最好的方法了。

祝你安好

范埃斯夫人

这是利恩从我祖母那里收到的最后的话了。七年之后，祖母去世，她们之间的矛盾没有得到解决。

第二十六章

　　与她们二人在二战中的共同经历相比，这个围绕一次生日聚会的争论实在是微不足道。尽管如此，她们之间的纠纷很快就升级了。妈妈告诉她的其他儿女不要联系利恩，利恩在一封信中写了一些很糟糕的事情，以及她不会再见利恩了。有些人试图说服妈妈，让她三思，但都被妈妈的怒火劝退了。虽然利恩的一些兄弟姐妹时常还会联系她，但利恩与范埃斯家其他家庭成员之间的关系就此破裂了。

　　1995 年 6 月，利恩从我母亲口中听说了她妈妈去世的消息。她未受邀请就出席了葬礼，聆听了平淡苍白的仪式讲话，其中没有提到利恩的任何事情（实际上阐述了整场战争和妈妈在其中发挥的作用）。她觉得自己被彻底隔绝了。

　　但也许有所谓的创造性破坏？利恩在工作中与一位心理咨询师一起开始了重建的任务：经过了数小时的治疗，她慢慢地找到了一种自我平衡感。她拜访了犹太历史博物馆，询问了她父母的死亡日期，以及他们去世时的细节。我在多德雷赫特的旅馆房间里首次读到的文件——利恩的《这将是一个我与范埃斯家族关系的具体故事》——就是在此时完成的。

　　还有另外一个更早的突破。1992 年，战争躲藏儿童大会（Conference for the Hidden War Child）将 500 多名藏身并幸存下来的孩子聚集在阿姆斯特丹，这是某种意义上的重聚。8 月的 3 天里，那些在正好 50 年前藏身起来的孩子，通过研讨会、演讲、读诗，以及公告栏上的共享照片、电影、心理学讲座和无数的一对一谈话结识了彼此。许多人和利恩一样，被他们不属于这个世界的感受纠缠多年，这也让利恩有一种似曾相识的感觉。组织这次大会的机构——犹太社工协会（Society for Jewish Social Work）制作了一份日报以在这些与会者中传递，如此一来他们就可以记录自己的经历和对其他人经历的反应。作为在孤独中成长起来的孩子们，几乎所有人都觉得分享自己的故事是他们一直以来欠缺及渴望的。

阿姆斯特丹市长埃德·范泰恩（Ed van Thijn）在二战时也是一个躲藏起来的孩子，他以"未曾讲述的故事"为主题宣布大会开始。在开幕致辞上，他说自己虽然在公开讲话时游刃有余，包括有关大屠杀的公开讲话，但一想到要告诉公众一些私人的事情，他就会陷入恐慌之中。"即便到了昨天，"他对大厅里的 500 人说道，"我也不知道我应该，或者说，我能够说什么。"直到最后一刻他才想到，几乎从定义来说，称某个人是躲藏的孩子是不可能的：

> 我们应该对谁说？谁能真正聆听我们的故事？躲藏的故事定义了我们的整个存在，但我们——至少是我们中的绝大多数——都曾竭尽全力地摆脱那个故事。

利恩听到这些话时哭了出来，现场她周围的几乎所有人也都哭了。

回想起来，战争躲藏儿童大会是利恩搬去阿姆斯特丹的第一步，她此时终于觉得找到了自己的归属之地。她一直与犹太社工协会保持着联系，协会为约 3 万名依旧住在荷兰（大部分是在阿姆斯特丹）的犹太人寄送杂志，组织非宗教性旅行和小规模聚会。我对面的利恩坐在她和阿尔贝特数年前在时尚的阿姆斯特丹商店里买来的椅子上，看起来非常满足："经历了多次心理咨询和数夜的哭泣后，终于结束了。我现在可以不带任何感情地谈论此事，虽然那可能听起来有些奇怪。佛教里有苦海的概念，人们深陷其中。你会看到，你无法掌控一切，而是在感受其更剧烈的波动时找到内心的平静。"

她捧着茶杯，因自己的高谈阔论而有些难为情。

"不管怎么说，"她继续说道，"一旦我可以把发生在自己身上的事情放在一个模式之中，事情就因我而改变了。我可以做出选择，比如住在阿姆斯特丹的这里的选择。"

今天早晨这座城市在我面前展现的魔力依旧挥之不去：塔尖、桥梁，以及在寒冷的 1 月的阳光照耀下，一排排山形墙房屋倒映在水面上，闪闪发光。即便是市中心也非常宁静，阿姆斯特丹确实像一个平和的地方。

利恩从她艾恩德霍芬漂亮的白墙房子首先搬到了德派普（De Pijp）的一个杂乱的工人小屋里，这是一个年轻的街区，以其街边市场、咖啡店及叛逆不羁和非主流文化闻名。她的朋友们有些担心她，但她非常开心。她买了一张歌剧的季卡，参观艺术画廊，参加佛教讲座，开始冥想和做瑜伽，以及结识许多新朋友。15 年后，她听说一帮朋友打算退休后住在一起，其中大多数人是艺术家或社工。虽然搬家有些为时尚早，但机会难得，因此她询问自己是否可以加入他们。我们现在谈话的地点就是这个街区的公寓之一。

利恩把杯子放在桌子上，倒了一些薄荷茶。

"只有到了那时——我不太擅长记日期，但肯定是2003年左右——我才觉得自己做好了面对奥斯维辛的准备。在那之前，我一直非常害怕奥斯维辛。我想：我不能这么做。如果我和非犹太人一起去，我担心他们可能会说一些对我造成伤害的话。而如果是和犹太人去那里，那将成为集体精神创伤的痕迹，我同样不希望如此，所以我从不敢去。但我听说一个佛教老师带人们去奥斯维辛进行一周的守夜，那里可以说一些隐私，而且这感觉是一件正确之事。他们拍了一段录像，我们一起看看吗？"

因此，过了一会儿，我们再次坐回了她的桌前，看向她的电脑。我们在观看她为犹太人大屠杀基金会所做证言的录像带时也是如此。不过，这个录像中的利恩在年龄上更接近我身旁的利恩。和上次不同的是，利恩对在我们面前播放的画面感到很满意。

"我觉得这是个非常积极向上的经历。我得到了我所需的所有时间。人们在哭泣。我们受到了尊重。"她在影片开始时如此说道。

穿过敞开着的大门，利恩站在破碎的墙壁和一排排生锈的铁丝网之间，白皙的肤色因寒冷而有些发青。录像里播放了一段尖锐刺耳、令人不寒而栗的音乐，似乎是人类发出的，还有一个旁白告诉我们发生在这座死亡工厂里的事情。佛教组织的人员一起在这里度过了数天来守夜。他们待了一周，睡在某种旅舍中，在铁路线上、营房和毒气室里坐着和站着，长达数个小时。

DVD 视频中的场景不断变化，通过摇镜头的方式展现了没有窗户的混凝土房间，里面只有几根蜡烛来照明。凭借这些蜡烛，人们俯身蹲下，凝视半空，或者眼睛紧闭，低声读祷告词。在这之中，摄像机聚焦在利恩身上，此时轮到她发表守夜致辞了。她站在一个有些昏暗的原女囚营房中，身边围着一大圈人，她说英语时中间还有一些长长的停顿，声音时断时续。以下是利恩讲话的原文，包含了语法上的微小错误：

我 8 岁的时候，去了藏身之处，和父母告别，我本以为那只是几个星期的事情。

而那继续了下去，没有尽头，我再也没能见到他们。

我的父亲是查尔斯·德容，他死在了奥斯维辛，时年 37 岁。

我的母亲是凯瑟琳·斯皮罗，她与外祖母萨拉·弗维尔（Sara Verveer）一同死去。去世时我母亲 29 岁，我的外祖母 56 岁。

我父亲的父母是 58 岁就去世的大卫·德容（David de Jong）及其妻子赫西林·莱昂（Hesseline Lion），后者去世时 57 岁。

我的父亲有一个姐姐。她死时 39 岁，是与她的孩子塞里纳·莫泽斯（Serina Mozes）和大卫·莫泽斯（David Mozes）在同一天去世的。塞里纳是我最喜欢的堂姐，当时 15 岁；大卫则只比我大 3 个月。我曾经常常和他一起玩耍，他死去时 9 岁。

他们都死在了奥斯维辛。

他们的父亲死在了索比堡。他时年 54 岁。

我母亲的哥哥 34 岁，死在了奥斯维辛。

她的另一个哥哥 32 岁，在欧洲中部去世，他的妻子 36 岁，死在了奥斯维辛。

还有他们的孩子——他们的孩子，尼可和罗比，分别在 4 岁和 3 岁时死了，最年长的孩子活了下来，但在战后悬梁自尽。

然后是我母亲的妹妹，她 27 岁，死在了奥斯维辛。

我还想告诉你们。我在余生中一直思念着他们。

在这之后，利恩那漫长的名单被一波又一波其他人的名字包围，随之而来的是沉默和轻微的哭声：

弗里达·辛格、莫迪西亚·辛格、戈尔达·辛格、摩西·辛格……

等等。

我们坐在那里，沉默了片刻。"你读他们名字的时候，"我最终说道，"非常美丽。"

利恩点点头。

"我很高兴自己在那里。"她说道。

那天晚上，我和朋友们待在莱顿。为了本书而对利恩进行的调查的第一阶段现已结束。早上，我在大学图书馆里查询了一些过去的参考书目，为年内的再度返回制订了计划。当我们在 12 月计划这次旅程时，利恩告诉我，我来访的最后一天她可能没空。即便到了昨天早上，她也没有明确说明她将会做什么，也许是因为，描述她将在自己的公寓里举办佛教徒小组讨论会议这样亲密且紧张的活动让她觉得有些难为情。不过，昨天晚上她确实告诉了我这件事，以及这些会议现在对于她人生的重要性。利恩提议说我们可以提前一起吃午餐。佛教徒会议将在下午2点半开始。在小组成员陆续抵达之前，我可以转移到公寓里的前区，一组玻璃门将其与座位区域隔开。我可以在下午4点赶往机场之前在那里工作。

因此，午饭过后，伴随着射入窗户上的彩色玻璃的阳光，我们最后一次如朋友般坐在一起。小组成员将会陆续到来，因此利恩在房间里做了分隔。如此一来，一旦会议开始，我就可以从侧门悄悄离开，不会打扰到玻璃另一侧的人们。我和利恩向彼此告别。我拥抱了她。我们约定，我将会在复活节时再度回来，开展另一趟调查之旅，在此之前我会通过Skype网络电话尽快联系。

接着，利恩在房间里做准备，我则在她的桌旁坐了下来。复制我收集的所有采访记录、照片和文件似乎是个不错的主意。我将会把这些存储在她的笔记本电脑里，以防万一。于是我坐在那里，安静地浏览文档。过了一会儿，小组成员开始缓缓走过窗户，按响门铃，然后利恩迎接他们通过走廊，径直走向客厅。

复制完成后，我把一个存储卡放在了利恩的桌上，另一个放在自己的口袋里，还有一个在我的行李箱里。我收集到的这些回忆给我一种它们是我现在最珍贵的东西的感觉。我再次查看了机票，确认拿上了护照。到了该出发的时间了。出门之前，我迅速地移动到把公寓分为两半的玻璃门前，与利恩四目相对，向她轻轻地挥挥手。她正和其他人坐在一起，看见我的时候露出了微笑。接着，她当场站了起来，走上前把玻璃门打开。玻璃门折叠起来，她邀请我进去。

利恩对她身旁的人说道："这是我的侄子巴尔特，他将要写一本关于我的书。"

尾声
2017 年 7 月

没有家庭，就没有故事。

当我三年前第一次听到这句话时，我对于我家的战时历史所知甚少，对利恩也几乎一无所知。我同样不太明白我与自己儿女的关系，尤其是乔茜，对于她的烦恼，我一直难以启齿或没有认真思考。认识利恩改变了我。这让我学会多加思考，并变得不那么专制。我觉得自己第一次从某个人人生的最初阶段了解了这个人的内心世界。我也从另一个人——我的祖母——身上看到了我自己。当然，不是指她的勇气，而是她的一些错误。

利恩在 2015 年 1 月的佛教徒小组上介绍我为她的"侄子"，这种方式起到了某种特殊的作用，即弥合裂痕。我不能对此居功自傲。是利恩治愈了自己。不过，我们的见面还是成了一系列新联系的开始。在那之后我偶然遇到了她的孩子们，她也认识了我的孩子们。去年夏天，利恩前来牛津拜访我们，她当时住在我父母的房子里，多年以来第一次与我的父亲见面。

我和利恩现在经常以朋友的身份见面，并且关注对方的状况。利恩和我的妻子很快就相处得非常愉快，在利恩来到牛津的时候，她第一次向我的妻子提到，她偶然遇到了一个看起来不错的男人。严格来说，那个人并不是初识者。事实上，就在我第一次与利恩见面的时候，即 2014 年 12 月，我就已经在一张照片上见过这个男人。

彼时，那只不过是众多照片中的一张：照片拍摄于 1939 年海牙的学校里，利恩穿着背带裙，与另一个小女孩坐在学校的长椅上，两个系着领带的小男孩在她们右边。

我后来得知，利恩在 20 岁的时候得到了这张照片，当时她正在米德卢学院的圣诞节演出中表演。表演过后，观众里的一位女士来到了舞台上。

"我觉得我认识你。或许你是利恩·德容？"她问道。

利恩十分迷茫，说她就是。

这个女人记得身在海牙时的利恩。利恩和这个女人的儿子亚普曾在一所小学上课。

"我还保留着你的一张照片，"她说道，"你和亚普当时都是 5 岁。"

事实是，亚普·范德汉姆（Jaap van der Ham）现在也在米德卢学院上学，和利恩学同样的课程。他们认识彼此，但都不记得他们曾经是同班同学，甚至是朋友。过了几天，亚普的妈妈送给利恩一张照片的复印件，指出她的儿子是最左边那个头发整齐分缝、身穿短裤和条纹长袜的男孩。

在这个人生阶段，利恩并不是擅长提问的人：她害怕细细回想过去。虽然她和亚普进入了不同的圈子，但他们偶尔也会谈论在海牙一同度过的童年。结果两人发现，拍摄这张照片之后，他们又当了两年的同班同学。后来，1941 年，利恩不得不转学到犹太学校。亚普只是出于一个小原因才避免了相同的转移：他的父亲是犹太人，但他的母亲不是。出于这个原因，1943 年 3 月（利恩已经在多德雷赫特藏身了半年多），当亚普的父亲被遣送到波兰，有去无回时，亚普仍然和他的母亲待在家里。

利恩一直保留着这张范德汉姆夫人给她的照片，并把它放入了父母给她的小收藏品之中。不过，除此之外，她和亚普的联系并不密切。他那时和女朋友感情稳定，两人很快就订婚了。虽然亚普非常和善，富有魅力，但米德卢学院的课程结束后，他和利恩就失去了联系。

当我和利恩在 2014 年 12 月见面时，那张身为小女孩的她和亚普坐在一张长椅上的照片不过是一个纪念品，和其他的没有什么区别。不过，翌年 10 月，她在米德卢学院的同学们寄给了她一封信，提议老同学们重聚。亚普是组织这次活动的人之一。虽然利恩决定不参加，但她还是回信了，问亚普最近可好。毕竟，奇怪的是他们自小学起就认识彼此了。她的询问促使两人开始用电子邮件联络，后来还见了两次面，一次在阿姆斯特丹，第二次在阿纳姆附近费尔普（Velp）的乡下，亚普现在住在那里。

2016 年 5 月的一个晴朗早晨，利恩从阿姆斯特丹乘坐火车，抵达了海牙中央火车站。她现在要和亚普第三次见面了。当他们上一次在费尔普见面时，他们讨论了一起度过的早年时光，后来话题转到了犹太学校，利恩说她很乐意去看看。在这座城市住到 18 岁的亚普依然记得学校的地址。现在有了一个新的纪念物。

他站在火车站挑高的大厅里，静静地等待着。尽管他现在有些发福，还需要借助手杖的力量，但他身上还留存着孩子气的一面。他戴着一顶鸭舌帽，衬衫和夹克上还有撞色的条纹，这让利恩笑了出来。当他走上前拥抱利恩的时候，他身上流露出温柔和平易近人的气息。

图 34

接着，他们坐在春日下的露台上，一边喝着咖啡，一边计划着路线。首先，利恩想去普莱特街上她家的老房子看看，那里离他们的小学非常近。之后，他们可以走路去小学，然后吃

图 35

午餐。他们有一整天的时间来完成这趟旅程。

因此，一小时后，他们来到了红砖拱门处，面前是普莱特街 31 号的大门。右边是装有金属栏杆的混凝土台阶，通向 27 号和 29 号门前的楼梯平台。利恩曾经经常和莉莉坐在这个楼梯平台上，她们将鼻子抵在栏杆上，双脚悬空。正是在这些楼梯下方，她跑去问妈妈，她是否可以把暂时在别的地方待一阵子的秘密告诉别人。利恩和亚普默默地站着，沉思着。

他们小学曾经所在的地方现在建起了一片公寓，深色砖墙，相当原始，有 12 层高。当这两位 83 岁的人仰视公寓时，他们比身为小孩看到学校本身时更加感觉到自己的渺小。和亚普一同来到这里似乎是个正确的选择。

他们一起沿着运河走向市中心，身边的车辆川流不息，它们的噪声被已倒闭的商店的肮脏窗户反射回来。并不需要有关过去的宏大主题才能使他们重新相聚。各种话题之间的切换非常容易：他们可能共同参加过的演奏会；他们记忆中在小学里唱的一首歌；亚普与他在以色列的儿子的度假计划；7 月在海牙举办的雕塑展。他们走走停停，亚普还告诉了她这个曾是面包店、蔬果店和利恩舅舅的五金店的地方的相关事情，现在这里变成了酒店和办公室，它们的镜面玻璃在阳光的照射下闪闪发亮。

接着他们到达了以前的犹太学校的地址。现在这里是宜人的广场，现代化公寓区俯视着一个步行区，步行区中种着许多美国梧桐树。几排撑着遮阳伞的桌子面对着一家寿司店，桌子一侧是壮观的墙壁和 17 世纪教堂的花园。孩童时摇摇欲坠、破烂不堪的建筑物全部消失了。亚普倚靠在他的拐杖上片刻，然后调查现场。

纪念物不太显眼，但他们在美国梧桐树下找到了它：一堆闪亮的不锈钢管，形状仿佛一组椅子。当两个人走近时，他们看到了 6 根高度不一的管子，中间还有梯子般的横档。一辆自行车停靠在最近的一根管子上，一个小女孩在中间的椅子上攀爬，表情真挚，努力不掉下去。在她的不远处，一个女人正注视这个女孩，脸上露出鼓励的微笑。

老犹太学校遗址上的纪念物被设计成了一个攀爬架，与广场的喧闹融为一体。只有走近去看，你才能看到钢管上铭刻的名字和年龄。那是被杀害的孩子们的名字，总共 400 人。

在那天访问海牙的原犹太学校的遗址之后，亚普和利恩见面得越来越频繁。今年夏天，他们一起去西班牙度假，现在则结为伴侣，在阿姆斯特丹和费尔普的乡下共度时光。他们非常享受在乡下漫步，参观博物馆，听音乐，以及与儿孙辈共处，有时还会聚在一起。他们现在年过八旬，他们知道这样不可能持续到永远，但他们依旧非常快乐。利恩觉得她与周围的世界紧密相连。她觉得圆满了。

致　谢

　　这本书从一开始就是一个合作项目。在此书逐步成形的过程中，2014 年 12 月 21 日是我和利恩共度的诸多日子中的第一天。在长达数小时的录音访谈后，我们又通过数个小时之久的散步、用餐、Skype 通话和电子邮件沟通，讨论了无数次草稿。得益于利恩的信念、真诚和指挥，《被隔绝的女孩》一书才能成真。我将一直珍惜我们之间的深厚友情。

　　鉴于此书是一本关于家庭的著作，因此能够向双方的家庭成员表达谢意也让我备感喜悦。利恩的孩子们——达恩、巴特加和阿尔耶——为本书付出了大量时间，还非常慷慨地与我分享他们的记忆。认识他们是我写作此书的许多珍贵收获之一。阿尔贝特·戈梅斯·德梅斯基塔阅读并就关于其婚姻和战时经历的章节给予了反馈。他后来告诉我，他对自己在书中的形象并不十分满意，但我希望并且相信他在此点上的认识是错误的。

　　多亏了我的母亲迪厄夫克，我才能第一时间联系上利恩。从一开始，她就非常担心这个项目可能会让人们失望，还会损坏家族名誉，尽管如此，她还是对我的调查给予了持续的帮助。我的父亲亨克同样如此，他告诉了我许多他童年时的事情，这成了我叙述的一个重要信息来源。与阿尔贝特一样，我非常感谢他们的开诚布公，并且相信从整体上看，此书将推动人们对于在利恩的人生中扮演了重要角色的人的理解，而不是过于简单地评判他们。

我的兄弟约斯特及其妻子萨莉（Sally），以及他们的孩子都对本书表示了极大的关心；我的叔叔海尔特·扬为我提供了他母亲的日记，而他的妻子格蕾塔（Greta）非常体贴地将其整理成电子稿，供我使用。一些其他的亲戚则无意参与其中，我非常尊重他们的理由。

亚普·范德汉姆在本书尾声中为我提供了诸多帮助。

我母亲这边的亲属也慷慨相助。萨布里纳·莫伊尔斯和扬·威廉·库克巴克在书中短暂出现，但他们为我所做的工作远比我能记录的多得多（多亏了他们的友谊、洞察力和实际协助）。我还要感谢 Corinne Meurs、Rob van Lummel、Steven van Lummel 和 Annemargreet Meurs，他们给我提供住处，为我做饭，还一直对这项工作的重要性持肯定态度。

除此之外，朋友们也给予了我灵感和鼓舞。Marianne Reijnhoudt、Frank Pot、Rajika Pot 和 Eric van Noort 在我无数次的调查之旅中为我提供了住处和餐饮。还有许多其他人在我的旅程中为我打开大门：沃特·德邦德、科里·德邦德、Marianne van der Top、Sascha van Gageldonk 和 Ruud van Gageldonk，等等。

我从这个领域的专家们身上也受益良多。撰写了我读过及反复阅读的许多著作的 Ad van Liempt 抽出时间和我见面，向我说明了海牙的国家档案馆的运作方式。Gert van Engelen 在多德雷赫特的此方面工作上同样如此，Kees Heitink 和 Ad Nooji 则让我得以接触本讷科姆的资料。这本书没有注释或参考文献，但它的确得益于其他人在研究方面做出的重大贡献。从这种形式来看，我无法恰当地对他们表示谢意，但我想要写下 Bert Jan Film（他写了有关二战时期的荷兰，营救犹太儿童方面的许多著作）、J. C. H. Blom、Dienke Hondius 和 Chris van der Heijden（尤其是战后的犹太人经历）的著作所给予我的诸多收获。

不计其数的图书馆和其他机构的工作人员也提供了帮助：特别是荷兰国家档案馆，莱顿大学图书馆，阿姆斯特丹的战争、大屠杀和种族灭绝研究所，海牙中央图书馆，多德雷赫特市图书馆，阿姆斯特丹的犹太历史博物馆和抵抗博物馆，多德雷赫特的 1940～1945 博物馆，美国南加州大学犹太人大屠杀基金会。

我从 2015 年 1 月起开始撰写本书。正是从那一时刻起，我的好友 Tore Rem 发挥了至关重要的作用。他对于我草稿的意见，以及我们的多次谈话给了我继续进行的信心。牛津大学的同事们也一直积极协助我的工作。在（牛津大学圣休学院）Peter McDonald 的建议下，我开始记录我的采访，从那时起我们就开始在打壁球时讨论此书。（Felicity Bryan Associates 的）Andrew Kahn、Louise Fawcett、Justine Pila、Marc Mulholland、Adam Smythe、Lorna Huston、Sophie Ratcliffe、Peter McCullough、Paulina Kewes 和 Catherine Clarke 给了我诸多鼓励和建议。我在圣凯瑟琳学院英语系的同事们——Kirsten Shepherd-Barr、Jeremy Dimmick、David Womersley 和 Ben Morgan——当然还有院长 Roger Ainsworth，非常密切地关注这个项目。其他大学的同事们同样如此，包括 Tiffany Stern、Andrew Hadfield、Douglas Bruster、Lukas Erne、Patrick Cheney、

Michael Suarez 和 Indira Ghose。

2015 年 8 月，多亏了 James Atlee 的建议和我以前学生 Katherine Rundell 的帮助，我把后来被称为《被隔绝的女孩》的前九章寄给了 Rogers，Coleridge&White 文学代理商，在那里通过 Peter Straus 交到了 David Miller 手上。对于我彼时完成的工作，David 比其他任何人施加了更大的影响。在一系列紧张的深夜电话及在酒吧和餐馆的谈话后，他促使我在本书的结构和内容方面做出了更大的革新。令人震惊的是，就在我认识他一年多以后，他突然去世了（年仅五十），但他的雄心与热情、他博学的阅读建议、他追根究底的问题，以及他在文学写作上的纯粹热爱将伴随我终生。

David 引领我进入了商业出版的世界，那里的许多人一路给予了我诸多帮助。在此之中，我特别要感谢 Martijn David、Philip Gwyn Jones、Lisa Highton、Arabella Pike、Ravi Mirchandani、Alan Samson 和 Neil Belton，他们都非常关注此书，并给出了建议。我还要向 Rogers，Coleridge&White 文学代理商的 Melanie Jackson、Laurence Laluyaux、Stephen Edwards、Katharina Volckmer、Federica Leonardis、Matthew Marland、Miriam Tobin 和 Rosie Price 所提供的支持表示感谢。最重要的是，我想感谢 Zöe Waldie，她在 David 去世后代之成为我的经纪人。在本书的修改和制作过程中，她的勇气、善良、洞察力和热情对我产生了极其重要的影响。我对她的感激之情难以言表。

修订和编辑是一个令人兴奋的过程。在我们从 Scott 所谓的 "1.0 版本" 改到 "2.0 版本" 的过程中，我的出版人（企鹅英国的 Juliet Annan、企鹅美国的 Scott Moyers、荷兰的忙碌蜜蜂出版社的 Haye Koningsveld）提供了广泛的意见。他们的集体智慧，以及 Catharina Schilder、Christopher Richards、Mia Council、Ellie Smith、Natalie Wall 和 Kiara Barrow 的帮助，将本书打造为一部更具重量之作。修订工作中的细心和谨慎也体现在文字编辑的过程中，Caroline Pretty（企鹅英国）和 Jane Cavolina（企鹅美国）在内容细节上的工作也非常出色。最后，我还要感谢 Cat Mitchell 和 Elizabeth Calamari，他们为完善此书尽心尽力。

我在致谢的开头感谢了我的亲朋好友。在结尾处，我将再次感谢他们。我的妻子安妮·玛丽与我共同完成了这本书，她是每一章的第一个读者，阅读时眼里总是饱含泪水。她深刻的洞察力和精神上的支持是一种永不枯竭的资源。我的孩子们——乔茜、比阿特丽斯和埃德加——同样如此，他们不仅是我的读者，还是我努力重构利恩生活时的情感导航员。读完本书的作者将会知道，我时常强烈地感受到乔茜的内心挣扎和冲突与利恩和我祖母之间的冲突存在共通性。利恩和乔茜在青少年时期都经历过艰难的时刻，但她们都让我们变得更加明智。我极其感谢乔茜从这个项目刚开始就展现出的慷慨且热情的思考方式。家庭不是直截了当的，总会有悲伤从中产生——但家庭也给了我们最强大的爱。

图书在版编目（CIP）数据

被隔绝的女孩：二战中的荷兰犹太人和地下抵抗运
动／（荷）巴尔特·范埃斯著；成琳译. －－北京：社
会科学文献出版社，2021.9
书名原文：The Cut Out Girl：A Story of War and
Family，Lost and Found
ISBN 978 - 7 - 5201 - 8589 - 9

Ⅰ.①被… Ⅱ.①巴… ②成… Ⅲ.①犹太人 - 史料
- 荷兰 - 1939 - 1945 Ⅳ.①K18

中国版本图书馆 CIP 数据核字（2021）第 124962 号

被隔绝的女孩：二战中的荷兰犹太人和地下抵抗运动

著　　者／〔荷〕巴尔特·范埃斯（Bart van Es）
译　　者／成　琳

出 版 人／王利民
组稿编辑／董风云
责任编辑／张　骋

出　　版／社会科学文献出版社·甲骨文工作室（分社）（010）59366527
　　　　　　地址：北京市北三环中路甲 29 号院华龙大厦　邮编：100029
　　　　　　网址：www.ssap.com.cn
发　　行／市场营销中心（010）59367081　59367083
印　　装／天津千鹤文化传播有限公司

规　　格／开本：889mm × 1194mm　1/32
　　　　　　印张：9.625　字数：217 千字
版　　次／2021 年 9 月第 1 版　2021 年 9 月第 1 次印刷
书　　号／ISBN 978 - 7 - 5201 - 8589 - 9
著作权合同
登 记 号／图字 01 - 2021 - 4473 号
定　　价／62.00 元

本书如有印装质量问题，请与读者服务中心（010 - 59367028）联系